L. Roger Milès

LA CITÉ DE MISÈRE

DERNIÈRES PUBLICATIONS

Collection in-18 à 3 fr. 50 le volume

PARIS. — TYPOGRAPHIE GASTON NÉE, 1, RUE CASSETTE. — 5178.

LA
CITÉ DE MISÈRE

DU MÊME AUTEUR

PROSE

Les Heures d'une Parisienne. 1 vol. in-18. Marpon et Flammarion, éditeurs.

Des Hommes et des Choses, 1 vol. in-18. Préface de Louis Ulbach.

Compositions françaises, 1 vol in-18.

Une Héroïne française au V° siècle, 1 vol. in-18, illustré.

Corot, sa vie et ses œuvres, 1 vol. in-18, illustré.

Précis d'histoire de la peinture décorative, 1 vol. in-8°.

POÉSIES

Ébauches, 1 vol. in-8°, eaux-fortes de P. Destez.

Paris, ode; plaquette in-4°.

La Paix armée, ode; plaquette in-18.

Les Veillées noires; vol. in-4°, 12 eaux-fortes de Henner, Bourdelle, Thirion, Comerre, Pointelin, Deschamps, Benner, Geoffroy, etc.

Pages d'autrefois, retrouvées par Henry Pille; préface en vers par François Coppée, album grand in-fol.

La Dernière nuit de Babylone; poème lyrique, vol. in-18.

L'Agnès moderne; vol. in-18.

Alceste converti; joué à la Comédie-Française, vol. in-18.

Pour paraître prochainement.

Les Géants de l'air, poésies.

Devant le chevalet; notes et impressions d'art.

Nos Femmes et nos Enfants, paroles et paraboles.

L. ROGER-MILÈS

LA
CITÉ DE MISÈRE

PRÉFACE DE M. SULLY PRUDHOMME
DE L'ACADÉMIE FRANÇAISE

Ouvrage orné de 26 illustrations inédites

DE MM. BRÉAUTÉ, LAMBERT ET P. MERWART

GRAVÉES SUR CUIVRE PAR CH. PETIT ET Cⁱᵉ

PARIS

LIBRAIRIE MARPON & FLAMMARION

E. FLAMMARION, SUCCʳ

26, RUE RACINE, PRÈS L'ODÉON

A

Monsieur G. GRANDRY

directeur de l'hôpital saint-louis

AU

Docteur L. BROCQ

l'un des maîtres contemporains de la dermatologie
en france

*Ce livre est dédié en signe d'estime
et d'affection.*

L. R.-M.

PRÉFACE

Le mot préface est ici bien gros. Je ne suis ni médecin ni économiste. Je n'ai, d'ailleurs, pas eu, comme l'auteur de ce livre, la précieuse occasion de voir ce qu'il y décrit, et je ne connais rien des questions qu'il y traite. Quel titre ai-je donc à patronner un pareil ouvrage? Aucun, en vérité; j'ai seulement l'avantage d'en avoir lu les épreuves avant qu'il fût publié, et par là je peux du moins témoigner combien il est attachant et instructif pour les profanes de mon espèce, combien il est propre à leur susciter de sérieuses méditations. Celle qu'il m'a suggérée n'en touche que bien indirectement le sujet. Si, néanmoins, elle pouvait le recommander à la curiosité du lecteur, je serais trop heureux; je ne saurais prétendre à plus de crédit.

La Cité de misère! *hélas! oui, mais de misère secourue*, car cette cité est l'hôpital Saint-Louis. On y peut mesurer à merveille la sollicitude de notre société moderne pour ses déshérités et ses vaincus, que lui renvoie son essentielle imperfection, aggravée pour eux des maux de la nature. Mon confrère Roger-Milès, avec le regard d'un observateur et le cœur d'un poète, a visité et décrit tous les cercles de cet enfer, où, grâce à la bienfaisance qui l'adoucit, la damnation est rarement irrévocable. Le sentiment que sa relation nous inspire est mêlé, contradictoire même, fait d'amertume et d'admiration, car dans une grande ville d'aujourd'hui l'assistance publique, en même temps qu'elle fait déplorer et désavouer, par son importance énorme, le vicieux état de choses qui la nécessite, fait admirer et bénir la beauté morale de l'élite qui s'y consacre. Ainsi, tout d'abord, se dresse au fond de la pensée le conflit séculaire entre la politique et l'esthétique : les sociétés sont évidemment mal organisées, mais, par contre, le règne de l'injustice et de la force y engendre l'indignation aux mouvements superbes, l'héroïsme, le courage civil, la vaillance militaire, la charité aux ressources ingénieuses ; il y facilite enfin la culture et la floraison des beaux-arts. Quelle disparate révoltante ici entre les causes et les effets ! Pourtant l'histoire en témoigne. Dans l'antiquité c'est l'esclavage, puis c'est la protection domestique des princes et des grands seigneurs, le régime des Mécènes sous ses diverses formes, en tous cas l'inégalité des conditions qui a permis le loisir, par suite la rêverie contemplative, source des plus ingénus chefs-d'œuvre de littérature et d'art. Il y a dans ce genre de créations une grâce naïve interdite aux produits des civilisations plus sa-

vantes où germe une conscience plus scrupuleuse
et plus éclairée du droit.

Faut-il donc inévitablement que la plupart
des hommes soient dans la dépendance et à la
merci d'un petit nombre de privilégiés, pour
que le type idéal de valeur morale se réalise
dans notre espèce? On est tenté de se demander si cette réalisation exceptionnelle vaut
le sacrifice immense et constant qu'elle exige. Il
n'y a doute sur ce point que pour ceux qui ont
leur pain assuré et connaissent les hôpitaux
seulement par ouï-dire, à distance; en présence
de la misère qui les remplit, on n'hésite pas.
Quand, au lieu de spéculer au coin du feu sur
l'esthétique, on souffre, ne fût-ce que par sympathie, de la privation de gîte ou de la désertion
forcée du foyer, qui pousse à l'hôpital le malade sans ressources, la pitié devient plus exi-
geante: secourir la misère ne lui suffit plus, à
tout prix elle voudrait la conjurer. « Ah! s'écrie-
t-elle, qu'il y ait un beau dévouement de moins,

et une détresse de moins aussi ! » Puis, par une logique irrésistible, la sentence s'élargit : « Que le paupérisme disparaisse, en dût-il coûter la disparition de la bienfaisance ! Périsse la sublime charité de Jésus et qu'il n'y ait plus de mendiants ! Travaillons à supprimer ces asiles admirables condamnés par leur odieuse raison d'être en abolissant celle-ci et avec elle, s'il le faut, toute la majesté du sacerdoce médical, toute la noblesse attendrissante de ses desservants volontaires. Plutôt une médiocre élévation morale chez tous que le risque du dénûment pour le plus grand nombre ! » Ce cri est à la fois barbare et généreux, la compassion pour les humbles y prime le souci, pour l'espèce humaine, d'une dignité de luxe : « Il faut d'abord que la vie sociale, jusqu'ici profitable à certaines familles, soit rendue au moins tolérable à toutes. Il y a un minimun de bien-être qu'elle est tenue d'assurer à tout homme qui accepte de le gagner. Il se peut qu'elle ne soit pas en état de l'assurer,

*mais alors elle fait moralement et matérielle-
ment faillite, et quand la faillite est bien constatée, le retour à la vie sauvage est de droit
pour les misérables ; qu'on leur restitue la forêt,
ils ne sauraient y souffrir davantage, y être plus
dénués. Il y a quasi-contrat entre le peuple et les
gouvernements quels qu'ils soient ; la raison
d'être d'un ordre politique quelconque, c'est de
rendre préférable la vie sociale à la vie sauvage,
l'existence en commun à l'existence individuelle
et solitaire. L'avantage de l'une sur l'autre est
la cause du quasi-contrat, de sorte que celui-ci
serait résolu de plein droit par un développement excessif de l'assistance publique, attestant
que la société n'est pas organisée de manière à
atteindre son but, lequel ne consiste pas du tout
à entretenir une portion des citoyens gratuitement, mais à les mettre tous, autant que possible,
à même de se passer de la gratuité par l'échange
et par l'épargne ou par quelque autre garantie
équivalente pour l'avenir du travailleur.* »

Est-il quelque objection sincère à ce jugement ? La solution donnée par un État au problème social s'éloigne évidemment d'autant plus de la véritable que l'assistance publique y a plus d'importance. Il ne faut pas confondre, bien entendu, les établissements publics tels que l'institution des sourds-muets et celle des jeunes aveugles, fondés en vue de faciliter la correction ou le traitement de certaines infirmités, avec ceux dont l'objet principal est la gratuité des soins. L'avènement de la justice dans la répartition des moyens de subsistance n'atteindrait que ceux-ci, et du même coup laisserait sans emploi tous les dévouements professionnels qui y sont attachés et menacerait tous les loisirs féconds en beaux ouvrages.

A ce point de vue, les doctrines économiques et politiques visant l'amélioration du sort fait au plus grand nombre tendent à priver les belles actions, les œuvres charitables de leur matière même qui est la peine, la misère à *soulager, et les belles productions littéraires et artistiques, de leur condition la plus favorable, qui est l'affranchissement des travaux nécessaires à la conservation commune. Nous autres, écrivains et artistes, nous ne pouvons pas nous passer des laboureurs et des ouvriers; eux, au contraire, ils pourraient pour la plupart se passer de nous; cela nous place à leur égard dans un état d'infériorité sociale qui n'a rien de rassurant. Mais les nations en sont-elles vraiment à désespérer de concilier le bien-être général de notre espèce avec le triomphe de ses caractères les plus distinctifs? N'y a-t-il donc d'élévation possible pour l'âme humaine, d'affranchissement pour la vie supérieure, d'abnégation et de sacrifice que dans un état social où l'injustice défraie l'art et la vertu? Est-il certain qu'un abaissement général des aspirations et des talents soit la rançon d'une équitable répartition du bien-être par le travail réorganisé? La misère supposée autant que possible abolie,*

le progrès de la science, qui est le fruit du plus
haut labeur, ne pourrait-il offrir aux savants
de quoi exercer encore leur volonté d'une façon
bienfaisante et méritoire ? Les maladies ont
d'antiques racines dans l'humanité, elles ne
s'en laisseront pas promptement extirper, et,
d'autre part, l'exploitation des forces terrestres
sera toujours indispensable et difficile. L'œuvre
d'art, musicale, plastique ou littéraire, œuvre
laborieuse aussi, ne pourra-t-elle subsister, si
elle peut justement nourrir ceux qui la créent
en échange du noble plaisir qu'elle procure à
ceux qui la recherchent ? Et cette recherche,
moins ardente sans doute et plus rare durant
la crise qui transformera les relations sociales,
ne reprendra-t-elle pas sa vivacité à mesure
que celles-ci reprendront leur équilibre et que
l'industrie empruntera davantage aux machines la force qu'elle exige encore des bras ?
Espérons que la matière ne se vengera pas de
son asservissement sur ses dompteurs et sur

ses maîtres en leur retirant le sentiment de ses harmonies naturelles, de ses formes simplement belles, qu'elle ne les corrompra pas en leur obéissant. C'est pour le Beau dans les lettres et dans les arts une question de vie ou de mort, car il faut qu'il nourrisse ses producteurs, et que pour cela il puisse être échangé. Or, l'on n'échange que ce qui plaît. Le Beau ne déplaît pas encore, mais il devient de plus en plus indifférent; l'agréable, qui est d'un accès infiniment plus facile et par suite d'un débit beaucoup plus assuré, tend à le supplanter. D'une œuvre belle on dit qu'elle est achevée et l'on éprouve, en la possédant par les plus hautes et les plus délicates prises de l'âme, un trop-plein de joie grave qui déborde en extase. On ne lui demande rien de plus, car on a déjà peine à en contenir le délice tout entier. Au contraire, dans la jouissance inférieure que procurent les images purement lascives, l'excitation des sens, au lieu de s'amortir, se recrute dans les sensations mêmes, la curiosité vile trouve un stimulant dans l'infamie même de son objet. Le Beau a des moules rares et d'une précision si sévère que le moindre accident les altère et l'anéantit; l'ordure et la boue sont d'une plasticité sans limite et sans modèle. Si, durant l'évolution sociale qui se manifeste aujourd'hui, l'interrègne, l'éclipse du Beau dans les mœurs et dans l'art se prolongeait outre mesure sans qu'aucun des réformateurs de la société en prît souci, le péril serait grand pour la dignité du peuple. Mais il n'y a pas antinomie essentielle entre cette évolution et les intérêts esthétiques, et elle n'est pas encore assez avancée pour qu'il ne soit déjà plus temps de veiller à ceux-ci et de les sauvegarder. L'assistance publique n'a pas encore cédé la place à des institutions qui la suppléent avec avantage, et la beauté morale du sacrifice et du dévouement, la plus précieuse à conserver pour l'honneur du genre humain, est bien vivante encore. Les hôpitaux du moins en font foi. Le

*jour où ils ne seront plus nécessaires est assez
éloigné pour que cette beauté morale et toutes les
autres puissent, par des transpositions progres-
sives, être accommodées à la société nouvelle qui
s'annonce ; ce jour-là, en effet, toute famille
sera en état de capitaliser, de verser une épargne
soit dans sa propre caisse, soit dans celle de la
nation dont elle deviendrait par là créancière,
sans plus risquer d'en devenir parasite. Alors
sera atteint le véritable but du travail manuel,
but qui est, non pas seulement pour une portion
des citoyens, mais bien pour chacun d'eux, de
pouvoir s'en passer de plus en plus, et entièrement tôt ou tard, afin d'assurer d'abord le plus
complet développement possible à ses plus précieuses aptitudes, ensuite la sécurité à sa vieillesse. Il suffit de formuler cet idéal pour sentir
combien, hélas ! la réalisation en est reculée encore. L'hôpital Saint-Louis, tout en attestant par
les misères qu'il assiste la grande distance qui
reste à franchir pour y atteindre, le propose*

dans la mesure de ses ressources aux malheureux qu'il recueille et soigne. Il possède, en effet, une école fort bien organisée où les petits malades sont sauvés, pendant leur long traitement, de l'ignorance totale et de la paresse; il utilise, dans la lingerie, et salarie la bonne volonté des femmes à qui leur état de santé permet cette occupation. M. Roger-Milès fait d'excellentes remarques sur tout le parti que l'assistance publique pourrait tirer, sans mercantilisme ni tyrannie, des aptitudes de ceux qu'elle secourt. L'idée d'employer autant que possible les malades mêmes au service hospitalier est connexe avec l'idée si noble et déjà si féconde de l'assistance par le travail. Mais je ne veux pas entreprendre sur l'ouvrage que j'ai seulement à présenter aux lecteurs; il leur donnera beaucoup à réfléchir après les avoir beaucoup renseignés. C'est bien là le signalement d'un bon livre.

SULLY PRUDHOMME.

LA

CITÉ DE MISÈRE

C'est la plainte grossie où se sont rassemblés
Les blasphèmes sans nombre aux prières mêlés,
Qu'adresse, jour et nuit, du dos de sa planète
L'humanité souffrante à sa Cause muette.
(*Le Bonheur*. — SULLY PRUDHOMME).

CHAPITRE I

Voyage autour de la douleur. — Ce qu'est l'hôpital Saint-Louis. — La vieille ville et la ville neuve. — L'Hôpital-usine.

Le voyage que nous entreprenons peut s'appeler à juste titre un voyage autour de la douleur. Nous verrons abriter sous le toit hospitalier de la cité de misère, tous les maux qui s'attaquent à l'humanité, toutes les anomalies de nature, qui arrêtent le jeune âge dans son expansion, ou précipitent la vieillesse dans le mystère indéchiffré de la tombe. Qu'on ne

croie pas cependant que nous serons un cicé-
rone entiché de pessimisme, à travers les salles,
et les ruelles de la cité : si l'on rencontre là-bas
des spectacles dont s'attriste l'âme, il y en a
d'autres qui consolent : il y a parmi tant de
larmes, des éclairs de joie; il y a au milieu de
toutes ces désespérances, des espoirs qui s'é-
veillent; il y a dans cette nuit sombre, des
étoiles qui s'allument, dans cette brume dolente, des rayons de soleil qui arrivent quand
même à percer, et à accomplir leur œuvre
chaude et féconde.

Mais n'anticipons pas; et puisque nous entrons dans un pays inconnu de beaucoup, un
peu de géographie pittoresque ne sera peut-
être pas de trop.

Qu'est-ce que c'est donc que l'hôpital Saint-
Louis? Interrogez un passant, il vous répondra,
avec un frisson mystérieux : « C'est un endroit
où on soigne de vilaines maladies ». Et nous,
nous vous dirons : « C'est une admirable maison où l'on rend la santé à beaucoup de malheureux, qui croyaient l'avoir irrémédiablement

perdue ; où l'on rend le courage à ceux qui étaient découragés. »

A l'époque de sa fondation par Henry IV, c'est-à-dire en 1607, l'hôpital de Saint-Louis se trouvait situé très loin, en dehors de la ville : on avait compris, à cette époque, la nécessité de construire des hôpitaux loin des agglomérations de peuple, de façon que la santé publique n'eût rien à craindre d'un foyer trop puvert à la contagion, et que les malades n'eussent pas à souffrir de l'air vicié par les foules. L'hôpital s'élevait donc dans un vaste terrain compris entre les faubourgs Montmartre et Saint-Laurent. Tout autour de sa double ceinture de bâtiments, par delà les cours ombragées de grands arbres, il y avait des plantations maraîchères ; et au loin, sur la ligne dentelée de l'horizon, on voyait se dresser la silhouette des moulins de la Villette, de Montfaucon, de Belleville et de Ménilmontant.

L'hôpital, qui ne fut achevé qu'en 1670, avait été construit « pour y retirer et panser les pestiférés pendant la contagion. » A la date de son achèvement, « on y prit quelques pauvres affligés de maladies qui se communiquent, comme le scorbut et la dissenterie, et des convalescents de l'Hôtel-Dieu pour y prendre l'air. . et ils y étaient sollicités par quelques religieuses. »

Ainsi s'exprime la légende d'une ancienne estampe.

Aujourd'hui, bien que l'hôpital Saint-Louis soit un établissement de plein exercice, on y soigne spécialement les affections de la peau, ce qui impose à son organisation et à son administration des devoirs particuliers. De là, sans doute, l'impression de terreur muette qu'éprouvent certaines gens, en entendant prononcer son nom. La vieille maison de Henry le Grand se trouve maintenant au cœur d'un quartier populeux, comme une silencieuse forteresse au milieu du grouillement de la misère et de l'activité du faubourg.

Mais, en dépit des constructions modernes, c'est bien la vieille maison qui est toujours debout; la vieille maison avec son architecture historiquement pittoresque, ses cloîtres sombres où le pas résonne lugubrement, ses hautes fenêtres, ses pignons d'angle, etc. Aussi peut-on remarquer, dans notre cité de misère, deux parties bien distinctes : le vieille ville et la ville neuve.

La vieille ville conserve sa couleur *sui generis*, surtout dans la partie située en bordure de la rue Grange-aux-Belles. Là, tout près de l'église et du charnier sont d'antiques pavillons et de croulantes masures; on y a installé le service ouvrier de l'hôpital : menuisier, vitrier, peintre, plombier, mécanicien, charron, etc., et quand, par les portes ouvertes, on entend le bruit des outils sur l'établi ou l'enclume, lorsqu'on voit dehors les pièces en préparation, on ne peut se défendre d'évoquer le souvenir de la place Maubert, au temps où elle conservait encore son cachet de vétusté indigente.

La ville neuve est située de l'autre côté, à l'angle de la rue Bichat et de la rue Alibert. Le bois qui épaississait là ses frondaisons au temps d'Henri IV, devant le pavillon Gabrielle, ainsi appelé, dit la légende, parce qu'il était une galanterie du roi, pour Gabrielle d'Estrées, ce bois a fait place d'une part aux salles de consultations, de l'autre à l'établissement d'hydrothérapie, qui a un rôle très important dans le traitement des dermatoses. Au-dessus des constructions nouvelles se dresse la haute cheminée des machines, qui donne à cet endroit de la cité de misère, un aspect très moderne d'importante usine.

Oui, d'usine ! Et l'on ne saurait croire combien cet aspect nouveau dans un hôpital est de nature à influer favorablement sur le moral des malades. Cet I gigantesque, dont la maçonnerie de briques pâles est surmontée d'un panache de fumée, annonce une activité saine, et les malades le contemplent, de leur dortoir, non seulement pour voir d'où vient le vent, mais encore parce qu'il est pour eux comme le représentant de la vie extérieure, la vie de travail et de fatigue même, qu'on mène loin de la cité hospitalière.

Cette cheminée, cette cheminée d'usine, cette

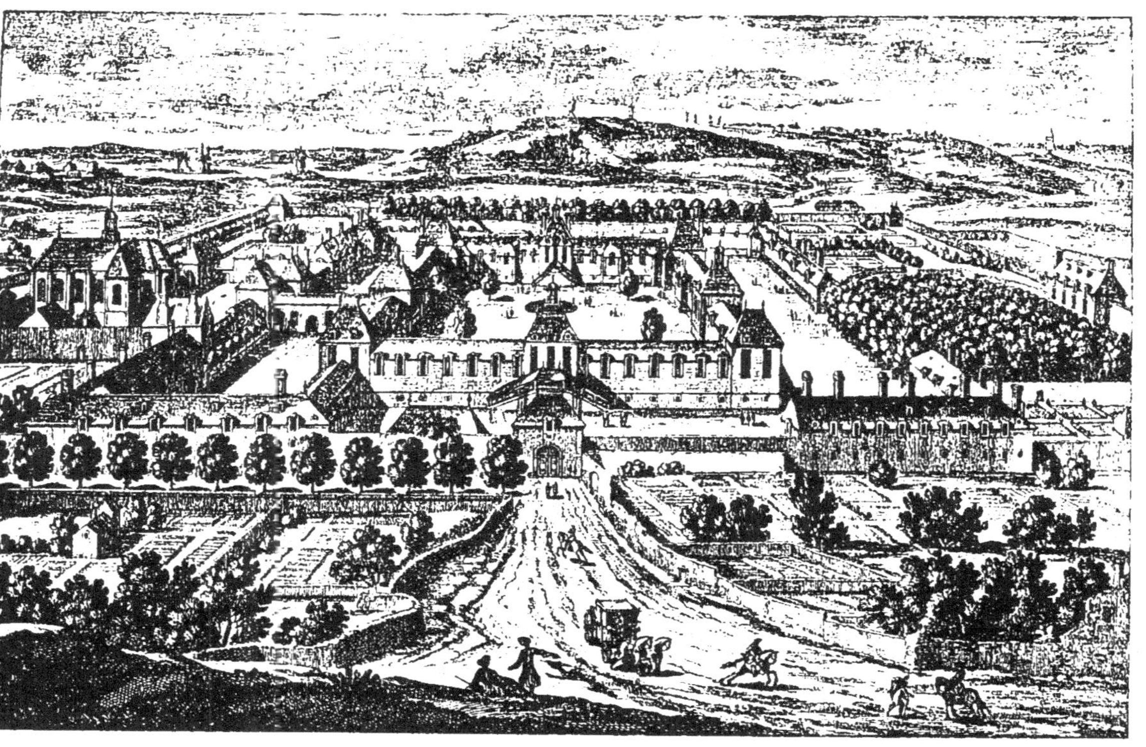

Vue de l'Hôpital Saint-Louis en 1670, d'après une ancienne estampe.

cheminée par où s'engouffre la grosse voix des machines, et qui, dans un quartier de plaisance, serait jugée monotone et désagréable, offre au contraire, dans l'enceinte attristée de l'hôpital, la distraction d'une compagne amie. Elle a une robustesse, une majesté, dont l'attrait s'exerce sur les plus désespérés; elle semble leur dire, qu'ils ne sont plus les isolés de la douleur, qu'il y a encore pour eux des guérisons possibles; que le travail de l'homme sur les choses, leur garantit le succès du travail de la science sur l'homme, et qu'ils retrouveront, plus tard, par delà les portes de l'hôpital, lorsqu'ils seront ragaillardis de corps, et rassérénés d'âme, d'autres machines énormes, et d'autres cheminées, où leurs mains solides iront se durcir de cals au labeur quotidien et fécond.

Oui, l'hôpital-usine, l'hôpital où la vie se présente dans son exubérance de mouvement, voilà l'hôpital moderne, l'hôpital qui répond le mieux à un besoin d'intelligente humanité. Plus de ces constructions obstinément silen-

cieuses où ne doivent couler que des larmes!
Plus de ces cours à l'aspect désolé où souffle
un vent d'éternelle agonie! Plus de ces longues salles, d'où l'on n'aperçoit rien de gai et
de vibrant, et où les malades se croient dans
une antichambre de la morgue!

Que le peuple pour qui sont installés ces
établissements désapprenne l'ancienne défini-
tion de l'hôpital : « Un endroit où l'on entre
pour n'en plus sortir! » Qu'il sache, au contraire, que l'hôpital est le lieu respecté où la
science opère ses plus belles et ses plus auda-
cieuses résurrections ; qu'il est l'asile où la
patrie tout entière veille sur ses plus chers
pupilles, puisque ces pupilles appartiennent à la
grande famille des malheureux, et que les sacrifices, si lourds soient-ils, que l'hospitalisation exige, sont des sacrifices avec lesquels
on ne marchande pas, parce qu'ils ne laissent
de regrets au cœur de personne.

Mais, pour cela, pour atteindre à ce résultat,
il faudrait que les hôpitaux n'eussent pas l'air
d'être des hôpitaux. Je sais bien que cela est diffi-

cile ; mais le difficile n'est pas l'impossible ; si les architectes , suivant, non les errements, cela serait injuste, mais les traditions de leurs aînés, n'arrivent pas à créer un genre nouveau, c'est qu'ils ne le veulent pas, c'est qu'ils ne comprennent pas toute l'étendue de leur tâche.

Il leur serait pourtant aisé de s'en rendre compte ; qu'ils aillent à l'hôpital Saint-Louis, et qu'ils comparent les deux côtés que j'ai appelés : la vieille ville et la ville neuve. Ils sentiront certainement la différence d'impression que doit exercer sur les malades , la vue des vieux cloitres, et la vue des salles de consultation et de bains : ils sentiront, comme je l'ai senti moi-même, ce que cette cheminée d'usine, dont je parlais tout à l'heure, change avantageusement l'aspect du lieu. Cette impression est difficile à définir, et je ne voudrais pas que les mots exagérassent ma pensée. Mais, pardieu ! il est moins pénible d'aller à l'usine qu'à l'hôpital, et donner à l'hôpital une physionomie d'usine, c'est faire un mensonge dont seront reconnaissants tous les pensionnaires de l'assistance publique.

La tristesse obstinée est l'ennemie acharnée de l'hygiène, et c'est opérer déjà une belle conquête que de savoir l'éviter. Quelqu'un a dit : « Il faudrait des hôpitaux gais. » Ces deux mots, accolés l'un à l'autre, semblent l'expression d'un paradoxe cruel. Espérons qu'ils seront un jour la formule dont s'inspireront les architectes chargés de construire d'autres cités de misère.

CHAPITRE II

La discipline.

La spécialité de l'hôpital Saint-Louis, on l'a dit plus haut, est le traitement des maladies de la peau. Et ces maladies sont une légion. On demeure stupéfait quand on parcourt le catalogue qui en a été dressé par le Dr Brocq, à la fin de son remarquable ouvrage sur les dermatoses; quand on songe surtout que cette longue énumération n'est pas limitative, et qu'une des formes de progrès de la science sera d'en découvrir de nouvelles. Or, il est bon de le remarquer, ces affections s'attaquent à nos tissus avec une pullulante variété, peut-être parce que nous n'y attachons de l'importance qu'à l'instant où leur manifestation revêt son caractère d'acuité extrême. Un petit bouton, une rougeur, une tache pâle, un point noir, jaune, gris, brique, vert, etc., qu'est-ce que cela? On n'en a cure! Et l'on va, et l'on vient, sans rien modifier de ses habitudes, sans perdre en rien l'aspect ordinaire de sa santé, commettant, chaque jour, nombre de fautes contre l'hygiène, et ne s'apercevant pas que ce petit bouton, cette rougeur, cette tache pâle, ce point noir, jaune, gris, vert, brique, etc., est l'avertissement bénin d'un mal qui germe, et dont l'expansion lente à se produire, mais paraissant spontanée quand elle se produira, empoisonnera, peut-être pour toute une vie, l'économie de l'organisme. Ce n'est que sous le coup de l'exaspération cutanée, après avoir pris conseil des charlatans, qui aggravent le mal avec leurs drogues nuisibles; après avoir épuisé, en aveugle. toute la liste des officines louches, vantées dans des réclames chèrement payées avec l'argent des victimes qui s'y sont laissé attirer, ce

n'est, dis-je, que sous le coup de l'exaspération
cutanée que les malades, désespérés, se décident à traverser le canal Saint-Martin, et à
frapper à la porte de l'hôpital Saint-Louis.

Alors, il est trop tard; ou mieux, il serait
trop tard, si le corps médical de l'établissement,
dont la réputation est universelle, n'était accoutumé à faire des miracles.

Mais, avant d'aller plus loin, examinons quel
est l'état moral des malades qui se présentent
à la consultation, et seront admis dans les
salles.

Pourquoi ces gens, dont les tissus sont si
gravement atteints, ont-ils tardé si longtemps
à se préoccuper, à s'inquiéter de leur mal?

Simplement, parce que ce mal, encore qu'il
leur infligeât des souffrances réelles, ne les
arrêtait pas dans leur activité : parce que, ce
mal étant venu petit à petit, ils s'y étaient habitués; parce que la gêne qu'ils en éprouvaient
pouvait encore se dissimuler; parce que ces
malades ne se considéraient pas comme des
malades, et qu'ils ne sentaient pas sur le fonc-

tionnement de leurs organes, le retentissement moins appréciable, mais très réel pourtant, de l'affection cutanée dont ils étaient atteints. Il ne s'agit plus ici de médicamentation dont l'effet est rapide, comme celles qui coupent la fièvre, dégagent les voies respiratoires, ou allègent les estomacs débilités. On parle de régimes sévères, de régimes à privations, dont l'observation doit se poursuivre pendant de longs mois, pendant des années, toujours peut-être! Et ceux qui devraient s'appliquer ces régimes, trouvent que leur durée leur enlève le caractère d'une médicamentation; c'est comme un moule nouveau dans lequel doit se couler l'existence. Puis, comme les effets du régime sont progressifs, mais lents, on s'accommode de lui faire quelques infidélités, sans s'apercevoir que la marche en arrière se produit infailliblement; et comme, en définitive, on peut aller à ses besognes quotidiennes; comme on peut, en apparence, ne pas déranger sa manière d'être, on continue à ne pas se traiter en malade, et par un compromis avec la raison et l'hygiène,

on finit par accepter la dermatose comme un
parasite, désagréable, il est vrai, mais un parasite à qui l'on demande seulement de ne pas
devenir trop envahissant.

Et le parasite se fait quand même envahisseur; il fait de l'être qu'il a circonvenu de ses
caprices douloureux, son esclave, sa chose. Il
hante ses nuits des plus pénibles insomnies; il
emplit ses jours de tristesses et d'angoisses; il
force son sujet à ne songer qu'à lui, à comparer
le bonheur extérieur des autres à sa détresse
à lui; il lui tend le piège des tentations, lui
souffle qu'il n'y a pas de danger à y succomber,
et, dans un prompt retour aux tortures lanci-
nantes, lui fait expier l'écart de régime et l'imprudence commise; et lorsqu'il se retrouve seul
à seul avec lui, il le ronge, il l'épuise, jusqu'à
ce qu'il soit sans force, sans volonté. C'est à ce
moment que le malade se décide, ou mieux se
laisse décider à aller à l'hôpital Saint-Louis. Il
passe à la consultation, et est admis ou refusé.
S'il est refusé, il retourne, sans regret parfois,
à ses habitudes, presque rassuré par le refus

dont il est l'objet, et plus disposé que jamais à toutes les complaisances de ses caprices, complaisances qu'il sait contraires à son état: s'il est reçu, sa vie change, et son entrée à l'hôpital lui parait une aggravation du mal.

Le voilà entré; le voilà installé dans une salle : les premiers jours, il sera tout à sa santé, à sa peau. Ne connaissant personne autour de lui, il méditera, ému de pitié pour lui-même, respectueux des ordres du chef de service, obéissant au panseur chargé d'appliquer les remèdes, plein de souci de ne rien faire qui soit contre le régime prescrit.

Mais, au bout de quelques semaines, quand il aura été familiarisé avec la maison; quand, aux jours de visite, les parents et les amis seront venus le voir, lui apportant l'écho de la vie du dehors; quand surtout, il se sentira en bonne voie de convalescence, peut-être de guérison, il aura de sourdes impatiences; son inactivité lui pèsera, il se sentira un besoin irrésistible de faire quelque chose, n'importe quoi; voire une imprudence, pour donner satis-

faction à son état nerveux, aux réserves de forces accumulées pendant son repos obligé.

C'est alors que l'on sent la nécessité d'une discipline sévère auprès de ce malade spécial, de ce malade, qui, pour ainsi dire, ne se juge plus malade, et accuserait presque d'une vaine tyrannie les médecins qui lui refusent un exeat. Entendons-nous bien sur le mot discipline : pour certaines gens, qui font de la sensiblerie un abus constant, le mot discipline, lorsqu'il s'agit d'un hôpital, a je ne sais quoi qui révolte : ces gens nous disent alors que c'est la discipline ainsi comprise, une sorte de sévérité raffinée et cruelle, qui écarte de l'hôpital ceux qui auraient le plus pressant besoin d'y faire un séjour; je réponds de suite à ces gens-là, que c'est justement le manque de discipline qui établirait dans les hôpitaux de dangereuses et repoussantes promiscuités, et que s'est souvent la peur de ces promiscuités qui éloigne des maisons hospitalières les malades qui se trouveraient bien d'y chercher un abri.

Quelle sera donc la discipline à l'hôpital

Saint-Louis? Je dis qu'elle doit **être sévère**, qu'elle doit être réglée de la façon la plus stricte; n'ayant qu'une sanction, l'expulsion. pour les malades qui causent du désordre, ou cherchent à recevoir en fraude des boissons et des alcools, défendus par le traitement auquel ils sont soumis; l'expulsion encore pour ceux qui sortent de leurs services, au risque de porter ailleurs la contagion de leur mal, ou de s'exposer eux-mêmes à d'autres contagions; l'expulsion également pour ceux qui refusent d'accepter les heures fixées par les règlements intérieurs, pour les soins médicaux ou d'hygiène qui leur sont donnés en dehors de leurs salles.

Je sais bien que l'énervement d'une longue inactivité et l'influence irritante du mal peut agir sur le moral des malades, et échauffer un peu les cervelles; c'est alors que se place la question du travail dans les hôpitaux, pour ceux qui seraient capables de travailler.

Mais, lorsque des hommes d'expérience se sont prononcés sur cette question dans le sens positif, les âmes sensibles de tout à l'heure ont jeté les hauts cris : on a prétendu que ce serait là une infamie ; qu'exiger de gens qui sont hospitalisés, un rendement quelconque, serait l'effet d'une exploitation monstrueuse du faible — les malades — par le fort — l'administration.

Et pourtant, parmi les pensionnaires de l'hôpital Saint-Louis, il s'en est trouvé qui ont demandé à travailler ; il s'en est trouvé, qui, bien que sérieusement atteints de dermatoses rebelles, ont senti ce besoin de dépenser leur activité, et de s'employer à des besognes, d'ailleurs suffisamment rémunérées ; du côté des femmes, surtout, on a réclamé des ateliers. Et ces malades-là avaient raison : je ne vous affirmerais pas qu'ils avaient compris la force moralisatrice du travail, et qu'ils subissaient l'ascendant nécessaire de cette moralisation : mais sous la menace d'être jugés complices de désordres susceptibles d'éclater, ils avaient certainement entrevu quel agent précieux le travail devait être pour la discipline. Or, dans l'état actuel des choses, ce n'est qu'à de rares

exceptions que la direction de l'Assistance publique croit pouvoir autoriser les malades à fournir des journées de travail. Il serait bon, qu'à
l'avenir il n'en fût plus ainsi; il serait bon que
ces exceptions, — plus nombreuses aujour-
d'hui, je le constate avec plaisir — devins-
sent la règle générale. A Saint-Louis, nulle
femme ne songe à se plaindre d'être employée, quand elle le demande, aux travaux de
lingerie. Des ateliers seraient établis pour les
hommes, que cela n'en irait que mieux; ces
hommes-là, au moins, à leur sortie de l'hôpital,
trouveraient un petit pécule amassé sans grande
fatigue, et ne seraient plus une charge énorme
pour l'Assistance publique, obligée deleur verser des secours de toutes sortes après leur
avoir donné des soins; et les capitaux économi-
sés pour cette charge, iraient soulager d'autres
misères, très dignes de pitié; il y a loin, de cette
façon d'agir, aux travaux forcés, dont parlent,
avec exagération, certains politiciens plus occu-
pés de leur popularité que de la juste répartition de tous les efforts des finances municipales

à toutes les indigences populaires ; et la santé des malades ainsi employée ne s'en trouverait pas plus mal, au contraire.

Il faut bien le dire : l'hôpital Saint-Louis a ses habitués, et ces habitués ne sont pas toujours recommandables, bien qu'ils arrivent, la plupart du temps, très chaudement recommandés. Ce sont souvent des paresseux, qui voient dans le retour chronique de leurs affections, le retour d'une tranquille et curative oisiveté. Mais la politique a ses protégés dans la misère, comme elle a ses protégés aux autres degrés de l'échelle sociale, et les premiers sont peut-être ceux dont on soit le plus heureux de se débarrasser.

Donc, il faut une discipline à Saint-Louis; non pas une discipline de fer, si le mot vous semble trop gros ; mais, pour prendre une comparaison dans le domaine des choses actives, une discipline..... à l'iodure de potassium.

CHAPITRE III

Un ministère. — La salle d'attente.

Une lanterne, à verres rouges, comme celles
qui annoncent les commissariats de police; dessous, une porte : c'est l'entrée de la salle d'attente, au fond de laquelle, derrière des guichets
vitrés, se tiennent les employés de l'administration. Dans cette salle, le mouvement est continu : malades qui entrent ou viennent chercher
leur exéat, infirmiers et infirmières qui portent
des bons de toute espèce, gens du dehors qui
demandent des nouvelles de quelque hospita-
lisé, ou des renseignements sur les formalités
à remplir pour l'admission; c'est un va-et-vient

qui commence de bonne heure et se poursuit assez tard dans la journée. Mais jusque-là, rien qui nous émotionne, rien qui vous fasse comprendre que vous n'êtes pas dans les bureaux d'une mairie, par exemple.

On a sonné deux coups de cloche : la scène change : par la porte ouverte à deux battants, des hommes entrent, qui déposent au milieu de la salle, un brancard. Tout le monde l'a vu ce cortège triste, qu'on ne rencontre pas sans se sentir instinctivement un serrement de cœur; deux hommes, marchant au pas, lourdement, les épaules serrées sous une bretelle, soutiennent des mains le brancard enveloppé de toiles aux rayures blanches et bleues comme les toiles d'un matelas.

Sur les côtés du châssis, déborde un bout de couverture, ou une manche de paletot déguenillée. Un gardien de la paix ouvre la marche; une femme, ou un compagnon de travail, suit.

Dans la salle d'attente, les gens se sont approchés pour voir, par les interstices mal joints des toiles, puis se sont écartés : la curiosité ne l'emporte pas entièrement sur l'émotion; et l'on sait que la vue de l'être couché là-dessous sera douloureusement impressionnante. Le gardien de la paix a remis au guichetier une feuille, un procès-verbal, — chez nous, rien ne se fait sans un petit papier imprimé; — pendant ce temps-là l'interne de service est accouru, les toiles ont été écartées: le moribond apparaît. Le transport avec son balancement cadencé, l'air, le froid, l'angoisse, ont aggravé son état; on l'examine; on écoute si le cœur bat, puis on désigne une salle, et le malheureux y est transporté. Tout cela se fait sans bruit, avec très peu de mots; mais à la louange du personnel de l'Assistance publique, pour qui c'est là un spectacle quotidien, il y a autour de ce brancard une énorme compassion. Parfois, malheureusement, le malade est mort en route; et comme les hôpitaux ne reçoivent pas de cadavres, le cortège reprend sa marche, pour la morgue, ou le domicile du défunt, s'il en a un! Et il y a des larmes! et il y a des déchirements!

A droite de cette salle d'attente, au bout

d'une seconde antichambre, se trouve le cabinet du directeur.

Je voudrais bien ne pas faire de personnalités.
mais il m'est bien difficile de ne pas évoquer
ici l'image du directeur actuel, l'homme éminent, à l'autorité paternelle et sûre, M. Gran-
dry. L'organisation qu'il a su imposer à tous les
services de l'hôpital, et la volonté intelligente et
ferme dont il a fait preuve dans l'exercice de sa
très lourde fonction, la compétence qu'il a
acquise de toutes les choses de l'hospitalisation
permettent de lui adresser un hommage, qui
ne soit pas une flatterie.

Il faut le voir, durant toute la matinée, dans
son coup de feu, pour parler la langue expres-
sive du peuple. Assis à sa table, chargée de
paperasses et de documents, il faut qu'en quatre
heures, il soit à tout et à tous : aux questions
posées et aux incidents imprévus ; aux devoirs
administratifs et aux devoirs de discipline ; aux
intérêts matériels de l'établissement et à ses
nécessités morales ; à la politique de l'intérieur, et aussi à la politique de l'extérieur ; aux

AVIS

rapports de ses subordonnés, et aux rapports de ses chefs hiérarchiques; à l'application des innombrables ordonnances de l'Assistance publique, et à la décision d'événements qui se réclament de sa seule initiative.

Et c'est un défilé interminable : médecins qui insistent sur l'admission de certains malades, en dehors de l'âge prévu pour les salles communes; chirurgiens qui réclament des instruments et des appareils nouveaux; architectes, les mains chargées de devis, pour des constructions à élever, ou à refaire ; internes qui exposent les défectuosités de services ; mères qui se plaignent des irrégularités, ou interviennent en faveur de leurs sous-ordres ; infirmiers qui se plaignent des malades, malades qui se plaignent des infirmiers, et de tout ; pauvres hères, habitués des mendicités, qui sollicitent un pantalon ou des chaussures ; personnel consigné qui supplie pour être relevé de sa punition ; pensionnaires menacés d'expulsion, et qui promettent de ne plus recommencer; sages-femmes, de première classe, qui font valoir leurs services ; ouvriers de toutes corporations qui rendent compte de leur besogne, et reçoivent de nouveaux mandats ; que sais-je encore ? Toute une légion de gens qu'il faut écouter, comprendre, subir, interroger, sermonner, commander, encourager, consoler, attendrir. Quelle mémoire présente il faut pour un pareil travail, et quelle activité d'esprit.

Puis, dès que le défilé s'interrompt un instant, ce sont les pièces à signer. Et, ne croyez pas qu'il s'agisse de dix à vingt feuilles seulement, c'est par quinze ou seize cents que le directeur doit donner sa signature. Comme il assume dans son autorité toutes les responsabilités, il faut que tout soit revêtu de son visa.

Et ce sont des carnets de toutes dimensions, des bons de toutes denrées, des permissions de toute nature qui lui passent sous les yeux, et qu'il signe, sans compter les états récapitulatifs et les statistiques dont sa signature garantit l'authenticité et l'exactitude.

Joignez à cela la correspondance encombrante et variée que chaque courrier verse en prodigue sur sa table, recommandations et autres, auxquelles il lui faut répondre, joignez-y aussi les appels au téléphone, qui ne se font pas faute de se multiplier, et vous aurez une faible idée de toutes les exigences des fonctions de directeur à l'hôpital Saint-Louis.

Dire que cela est un ministère, cela n'est pas de trop, quand on songe que l'établissement peut donner asile à plus de douze cents malades, et que les lits ne sont pas souvent vacants.

Aussi doit-on savoir gré à un directeur, si complètement absorbé par ses devoirs administratifs, lorsqu'il sait trouver le temps de jeter un œil à tout, et d'être personnellement le premier et principal agent de la discipline dans l'hôpital. Qu'on se souvienne que là se trouvent abrités des hommes et des femmes, jeunes souvent, et à qui des affections de la peau n'ont pas fait perdre leur vitalité; des enfants, venant souvent de foyers où le spectacle de continuelles promiscuités a pu faire germer dans les âmes le ferment du vice, tout un personnel, enfin, que de malsaines tentations pourraient venir assaillir ; et l'on comprendra mieux alors, pourquoi j'insiste tant sur la nécessité d'une discipline ferme, presque rigoureuse.

Sous la capote réglementaire de l'hôpital, le médecin ne doit voir que des malades, tous égaux, tous également dignes de soins et de pitié. Mais le directeur, lui, sait que sous ces capotes, il y a des tares morales, des gens dont le signalement s'étale au livre de l'infamie et, que la société, par la voix de ses juges, a flétris publiquement. Il lui faut donc empêcher que la contagion du vice et du crime, puisse mettre son emprise sur ceux qu'il a la charge, — charge d'âmes presque — de protéger, et il a raison, ce directeur, quand il affirme sa volonté de commander dans le domaine qui lui est confié, sans tyrannie, mais sans faiblesse.

CHAPITRE IV

Une messe.

Dimanche, six heures du matin : l'hôpital est
tout enveloppé de ténèbres et de silence. Derrière les vitres des fenêtres, les veilleuses, sus-
pendues dans les salles, tremblotent d'une
lueur agonisante, avec l'épuisement de la nuit.
Pourtant, à travers les cours, dont le pavé est
encadré d'une fine poussière de neige, de petits groupes isolés d'hommes et de femmes se
dirigent vers l'extrémité de l'établissement, où
se dresse l'*Église*.

Une véritable église, en effet, que cette construction, avec son porche monumental, sa

porte richement sculptée en plein chêne, et ses chapelles latérales; mais une église simple, sans pauvreté pourtant, comme il convient à un hôpital. Dans l'intérieur, contre les murs au ton gris, mal défini, un chemin de la Croix, commercialement peint, et sur des appliques quelques statuettes polychromes des hauts acteurs du drame chrétien. L'autel principal est chargé de cierges allumés : la nef est éclairée par quelques lampes à l'huile; de l'autre côté des vitraux, de dessin géométrique et de tons unis, le jour hésite encore à poindre.

Aux premiers bancs, près de la table sainte, des sœurs augustines, mères et novices, la tête cachée par leurs longues capes noires, à dessous blanc, sont agenouillées : la laïcisation n'a pas encore sévi dans cette maison hospitalière. Derrière elles, les femmes et les filles de salle, puis les hommes et les garçons de chambre et de pansements. Rien n'oblige les malades à venir entendre la messe, cette messe surtout, si matinale : mais l'*Église* est remplie et plus un banc n'a de place libre, dès avant que l'officiant ait paru; et sous la voûte s'envolent d'acres et tenaces odeurs médicamenteuses.

C'est qu'ils sont terribles les maux qu'on soigne ici: c'est toute l'armée des infections qui rongent l'organisme humain, et l'émiettent lentement, cruellement, jusqu'au jour où ces derniers débris s'écroulent dans la tombe. C'est l'asile où viennent se dérober dans l'oubli et la retraite, les lèpres que la science n'a pas encore vaincues; c'est la caisse, au guichet toujours ouvert, où se paient les dettes inéluctables de l'hérédité; c'est le lendemain désastreux des vices épuisants; c'est le charnier vivant, où la vie, souillée dans son principe mystérieux, rejette la scorie de ses hontes, et les purulences détestables de ses infamies!

Et tous, ils sont descendus de leur chambre, pour venir saluer l'autel divin, ceux que la maladie atroce a marqués de l'ineffaçable stigmate, et qui n'osent se montrer que dans la nuit : ils sont là tous, les torses voûtés, les bras que durcit l'ankylose, les jambes qui fléchissent, sans force et sans stabilité, les visa-

ges hideux, au derme absent, au nez abomina-
blement mutilé, aux yeux brillants encore d'une
lueur incertaine, sous des arcades veuves de leurs
sourcils, et épaissies par des germinations parasites; aux mâchoires dégarnies de dents, mal
cachées par des bouches dégarnies de lèvres;
ils sont là tous, les butins des ravages monstrueux, les élus des hideurs incurables, les vivants plus effrayants que les morts; ils sont là
tous, hommes et femmes, vêtus de la capote
sombre de l'Assistance publique, uniforme éga-
litaire, drapant l'égalité de souffrance!

Et voici que l'aumônier monte en chaire : il
parle de la mort, à tous ces infortunés pour qui
la vie n'aura été qu'un martyre continu; puis
de la mort, il passe aux différentes façons de
n'être plus, aux évolutions d'au-delà de la loque humaine; il s'élève, au nom de la morale
chrétienne, contre la pratique ressuscitée de l'in-
cinération, et à tous ces malheureux que l'atro-
cité de leur mal consume vivants, pour qui
chaque minute qui tombe au sablier des heures,
est une braise ardente dont s'irritent les plaies :

4.

à tous ceux-là il défend le feu après la mort, le feu qui ne serait plus une torture; le feu qui, pour la poussière rendue à la terre, deviendrait une suprême et mystique purification !

Mais, la messe continue, et du banc des sœurs, s'élèvent des voix pieuses et claires, chantant les versets sacrés. A ces voix, bientôt, d'autres voix se mêlent, voix grondantes, qui voudraient se faire douces et défaillent, voix éraillées, voix où siffle l'impuissant effort des aphonies cruelles, et c'est une louange infinie qui monte vers le ciel; c'est une harmonie naïve et sincère où s'exhalent l'amour d'un Dieu bon, et la reconnaissance d'un Dieu éternellement juste.

L'habitude de souffrir a mis de la résignation dans tous ces cœurs, et le Dieu qui fait les convalescences, — ces oasis de paix dans le désert cru sans limites des géhennes d'ici-bas, — ce Dieu-là mérite bien qu'on le remercie. Et puis, religieuses et infirmiers, ne sont-ils par là, également, unis avec eux, dans une commune élévation, celles qui ont le verbe pour consoler, ceux qui ont le remède pour guérir, mais tous deux, par leur sang-froid et la simplicité non affectée, avec laquelle ils accomplissent leur mission, réconfortant les malades, qui patientent sur leurs atrocités, en remarquant qu'ils n'éveillent pas de dégoût dans ces âmes rudement trempées.

Et les cantiques retentissent encore, tout vibrants de foi, jusqu'à ce que l'officiant ait jeté aux fidèles le : « *Ite missa est!* » Alors de tous les bancs, des êtres se lèvent, seuls, ou aidés de leurs surveillants ; comme si la religiosité de l'endroit rendait meilleur, une énorme pitié envahit le cœur de chacun, pour les autres. Il semble que le mal dont on souffre ne soit rien auprès de celui dont souffrent les autres, et l'on n'ose à peine jeter un coup d'œil sur le spectacle émouvant des mutilations, qui, cortège infernal, dans la demi-obscurité de l'église, ont je ne sais quoi d'effrayant et de macabre ;... et l'on sort lentement, en silence.

Près de la porte, un pauvre baptistère, entouré d'une balustrade, et qui s'ouvre pour les petits nés à l'hôpital, fait songer aux joies qui doivent accueillir les berceaux, joies passagères, joies d'une heure que des larmes hâtives viendront noyer : humble baptistère, sans fines ciselures, sans or et sans pierreries, comme les artisans du moyen âge, ces grands artistes anonymes se plaisaient à en prodiguer ; il est comme le symbole de la vie heureuse et innocente, aux yeux de tous ces atteints profondément, qui ne savent pas bien s'ils se débattent contre la mort ou contre l'existence ! Et en passant, tandis qu'ils mouillent leurs doigts d'eau bénite, ils se détournent, car le baptistère parle aussi de famille et de foyer ; et, eux. ont été obligés de déserter leur foyer ; à eux, un devoir d'humanité interdit de fonder une famille.

Et voici que la porte est franchie : chacun s'isole dans sa pensée ; chacun s'exhorte pour la semaine qui vient, — O les sept jours lents ! lents ! — à la résignation, où la conscience, ce juge qui ne ment pas, se fortifie ; et à travers les cours froides, dont les plates-bandes, dépouillées de verdure, sont durcies par l'hiver ;

dont les pavés sont toujours encadrés d'une fine poussière de neige, les malades, les infirmiers et infirmières, les religieuses dont les grains de rosaire se choquent en un rappel de monotones et berceuses litanies, tout ce monde fervent, en un mot, qui sent le besoin de croire à quelque chose d'extra-humain, rentre dans les chambrées, tandis que le matin obscur s'attarde paresseusement, et ne veut pas paraitre encore.

CHAPITRE V

La consultation. — L'admission et la pancarte.

Une grande salle, au sol parqueté ; de larges
fenêtres vitrées permettent au jour d'y pénétrer ; des banquettes de bois à dossier sont
alignées sur quatre rangées, laissant des pas-
sages libres pour les surveillants ; c'est là que
les malades attendent la consultation. D'un
côté, les escaliers qui mènent au musée, de
l'autre, la partie du même pavillon, consacrée
à la pharmacie où se distribuent les remèdes à
emporter et les cartes de bains pour les malades externes.

Bien avant l'heure de la consultation, les banquettes sont garnies de consultants : les hommes d'un côté, les femmes de l'autre. On bavarde peu, on songe à son mal : on espère et on redoute tout à la fois ; on souffre et l'on s'inquiète ; on attend et on s'impatiente : tout ce monde-là a des exigences inexplicables ; les plus hardis interrogent leurs voisins, à voix basse, et sans attendre leur réponse, les mettent au courant de leurs propres affaires ; mais s'il y en a qui ont la fierté de leur mal, il en est aussi qui se sentent honteux : pourquoi ?

L'aspect général est recueilli ; si quelque mauvais plaisant veut briller devant cette galerie dolente, on le rappelle à l'ordre, et s'il insiste, on l'expulse.

Suivant les jours et d'après un ordre réglementaire affiché à la porte du pavillon, la consultation s'occupe soit des maladies de la peau, soit des dents, de chirurgie, soit d'accouchement.

Mais, voici la consultation qui commence : salle plus petite, très claire, très chauffée ; des bancs pour les malades, des patères pour leurs vêtements ; une table pour les internes, médecins et pharmaciens, qui prennent, les uns, les observations, les autres, les ordonnances. On a fait entrer les malades par groupe de huit à dix; ils se dévêtent, et sont guidés dans ce qu'ils ont à montrer, à recevoir et à prendre, par les infirmiers ou infirmières de service. Dans un coin de la salle, un petit réduit est réservé pour les examens que la pudeur oblige à pratiquer loin des regards de tous.

Le chef de service, assis, portant comme les internes le tablier à plastron, regarde, touche, gratte, observe, interroge, explique, définit et prescrit. Près de lui, sur la table, les cuvettes et les liquides antiseptiques pour ses ablutions hygiéniques et prudentes. Internes, externes et étudiants suivent avec intérêt la parole du maitre. Tout cela va vite, très vite, mais sans brutalité, sans négligence ; c'est un long défilé, qui trouve dans le docteur, un homme non pas indifférent, mais habitué ; et pour chaque malade, c'est un moment solennel, pourtant, un moment où le cœur a de fortes palpitations : va-t-on lui révéler la gravité d'un mal qu'il ne soupçonnait pas? ou le rassurer au contraire sur une apparente gravité, qui n'existe pas. Pour beaucoup, ce sera l'explication d'un mystère qui les met à la torture depuis de longs mois ; pour certains, ce sera une répétition de conseils excellents, que les nécessités pressantes de la vie les empêcheront de suivre.

Et puis ce sont aussi des confessions, des confidences dont le malade rougit ; c'est la constatation sur l'enfant d'une hérédité dont le médecin arrache le secret à la mère ; cela va toujours vite, mais dans ces minutes, que de drames se passent au fond de toutes ces âmes ! Que de scènes qui seraient déchirantes, si l'on n'avait pas peur d'être ridicule, aux yeux des autres, qui sont là et attendent, et si l'on avait le temps.

Et voici qu'on distribue aux uns des bons de médicaments et de bains, aux autres des feuilles d'admission. Les premiers s'en vont ; ils rentrent dans le mouvement de la ville ; les

ANNÉE 18   N°   **BULLETIN STATISTIQUE**   MÉDECINE

Salle   *Service de* **M.** *le Docteur*

N° DU LIT :   *Ho*

Nom et prénoms du Malade :

Sexe :   Age :   Etat civil :   Profession :

Lieu de naissance :   Domicile : rue   n°   Arrond.

Date de l'Entrée :   *Date de la Sortie :*   *Date du Décès :*

VACCINÉ.	REVACCINÉ.		NON VACCINÉ.	VARIOLE.
	AVEC SUCCÈS.	SANS SUCCÈS.		

DIAGNOSTIC.
- Nom de la Maladie . . . .
- Aiguë . . . .
- Chronique. . . . .
- Siège . . . .
- Variétés . . . .

Date du début de la maladie . . . .
Période ou degré au moment de l'entrée.

Maladies intercurrentes. . . . .
Complications. . . . .

ÉTAT A LA SORTIE.
- Guérison . . . . . .
- Amélioration . . . .
- État stationnaire . .
- Aggravation. . . . .

MORT.
- De la Maladie constatée à l'entrée.
- De la Maladie intercurrente. . . .
- De la Complication. . . . .

AUTOPSIE CADAVÉRIQUE.
- faite. . . . .
- non faite. . . .

Observations particulieres.

Le Chef de Service,

autres seront conduits à la salle pour laquelle
ils sont inscrits, et avec la feuille d'admission
ils reçoivent une autre feuille, le bulletin statistique : ce sont là les deux documents que l'on
place à la tête du lit. : c'est la redoutable pancarte.

Oh ! cette pancarte ! oh ! cet état civil affiché,
avec ses mentions en blanc, qui vous mettent
du froid dans les moelles.

Durée de séjour : cela n'est rien, on peut espérer ; le séjour sera peut-être bref ; il sera
peut-être aussi écourté.

Diagnostic : d'abord le nom de la maladie ;
puis ses formes : *aiguë*, bah ! cela n'a qu'un
temps, apprentissage du martyre, pourvu qu'il
ne se prolonge pas. *Chronique* : ceci est plus
grave, on réfléchit, on réfléchit même trop.
Chronique, ce mot sonne avec une obsédente
taciturnité dans l'esprit du malade ; plus d'espoir ; c'est le calvaire jusqu'au bout, mais un
calvaire où l'on descend toujours, toujours.
Variétés, comme qui dirait le chapitre des iro-
nies du mal, une sorte de rictus démoniaque,

qui grimace, menaçant au-dessus de votre tête.

Puis d'autres paragraphes sur les dates de la maladie, sur les complications et les maladies intercurrentes; puis, *état à la sortie.*

La sortie! Un cri de joie! un mot tout rayonnant de lumière! Il semble qu'à chacune des lettres, l'imagination a suspendu des grelots tintinnabulants!

Mais calmons cette joie! Fermons les yeux à tant de lumière! les oreilles à tant de bruit!

Il y a des sorties après guérison, après amélioration! mais vous êtes prévenus : il y a aussi des sorties avec *état stationnaire*, des sorties avec aggravation! La statistique a raison : il faut être prêt à tout, même à l'autre sortie, celle à laquelle on est présent sans y assister; celle dont on est l'acteur principal, sans jouir du spectacle, *la mort.*

Et la pancarte qui ne veut pas qu'on se trompe, et qui enregistre les responsabilités, a soin de noter si la mort a pour cause la maladie constatée à l'entrée, la maladie intercurrente, ou la complication. C'est la mort quand même, dans l'un ou l'autre cas ; mais la statistique veut de la précision, et la pancarte précise. Enfin, dernier paragraphe, plein d'amertume : *autopsie cadavérique*, faite ou non faite.

Décidément, la statistique a d'étranges cruautés ! Que le malade ait sous les yeux le curriculum de sa douleur ; qu'il sache par avance quelles étapes il franchira sans doute, passe encore ; mais qu'il ait, comme une menace écrite au-dessus de ses insomnies, le souci de sa chose morte, n'est-ce pas pousser un peu loin la préparation du renseignement.

Certes, cela ne fait pas mourir, de voir imprimé sur un papier qui porte votre nom, les mots *autopsie cadavérique ;* mais on en conviendra, ils n'ont rien de réconfortant, et je me figure que par les veillées de fièvre, les malades qui ont gardé leur image sous leurs paupières, doivent être troublés de singulières visions ! Qui sait si dans le silence tiède des salles ils n'ont pas la sensation de la dalle froide, la sensation d'une lame fine et acérée, qui pratique de

larges sections dans leur organisme, et met à
nu les rouages usés de leur machine dé-
molie.

Aussi la pancarte, ai-je besoin de le faire remarquer, est une des choses les plus attris-
tantes de l'hôpital; ce sont bien là les feuillets
du livre de l'état civil de la cité de misère.
Toutes ces mentions portées d'avance, suivant
le vœu de l'implacable statistique administra-
tive (1), vous ont un air de défi, contre lequel les
espérances mal étayées des malades viennent se
heurter. Il y a, il est vrai, de bonnes mentions;
mais combien plus de lugubres !

Au lieu de présenter l'issue fatale comme un
accident, on affirme presque qu'elle est de
règle; et je lis au haut de la pancarte sur la
même ligne, dans le même caractère : à gauche : *date de l'entrée;* à droite : *date du décès:*
au milieu, on a bien glissé : *date de la sortie,*

(1) Dans certains services de l'hôpital Saint-Louis, on
s'est efforcé de donner au cadre de la pancarte, telle
place et telle disposition capables d'empêcher les indis-
crétions.

mais cette mention n'enlève pas l'impression douloureuse que je signale.

Et pourtant, l'hôpital, je ne saurais trop le répéter. pour les classes populaires qui souvent sont appelées à y chercher des soins, l'hôpital n'est pas un endroit où on doit mourir; c'est un endroit où l'on peut guérir. Ce serait faire injure au corps médical, qui y travaille et y enseigne, que de parler autrement, et ce serait méconnaître le devoir de protection que la société a la haute et humaine mission d'exercer envers les malheureux.

CHAPITRE VI

Les cliniques. — Maitres et internes

Neuf heures du matin. Des voitures entrent
et s'arrêtent : des hommes en descendent;
pour chacun d'eux le concierge sonne la cloche,
un nombre traditionnel de coups; ce sont les
chefs de service.

Les internes se portent à leur rencontre.
Les externes et autres auditeurs vont directe-
ment aux pavillons et aux salles. Quand le
maitre a revêtu son tablier et son bonnet de
velours ou de drap, il se rend à la clinique.
Nous l'avons déjà vu à la consultation. Sui-
vons maintenant la leçon dans les salles.

Le mot *clinique* indique, en effet, tout spécialement l'enseignement donné au lit des malades (de κλινικός, de κλίνη, lit, qui vient lui-même
de κλίνω : coucher, incliner); *une clinique* désigne donc l'institution dans laquelle, et par
laquelle les étudiants apprennent l'art de guérir les malades au lit même des malades. Or,
s'il est à l'Assistance publique de Paris, si justement réputée pour la célébrité de ses médecins et chirurgiens, des cliniques qui soient
suivies et méritent de l'être, ce sont bien les
cliniques de l'hôpital Saint-Louis.

Tous les médecins qui veulent se spécialiser
en dermatologie, ou simplement s'éviter dans
leur carrière, les graves surprises que cause
l'ignorance, ou même la connaissances super-
ficielles de certaines affections, sont obligés de
suivre le mouvement médical de la rue Bichat.
N'auraient-ils même, en y venant, qu'un intérêt
de curiosité scientifique, ils sont sûrs de ne pas
perdre leur temps, à écouter des maitres, tels
que les Besnier, les Vidal, les Fournier, les
Brocq, les Quinquaud, les Hallopeau, les Lal-

lier, etc. Aussi, chaque clinicien a-t-il son cortège d'auditeurs. Souvent même dans ce cortège, il se trouve des étrangers venus de tous les continents, pour recueillir sur place leurs précieuses leçons, et même *de visu*, les effets et les progrès de leur thérapeutique.

Et la visite commence. Les malades ont été prévenus; comme il importe qu'il n'y ait pas de temps perdu, ils sont prêts, sur leur lit, à recevoir l'examen du médecin; et, il faut l'avouer, le coup d'œil des salles, à ce moment, n'a rien d'enchanteur, pour un visiteur qui ne serait pas de la partie. Il s'y fait un « installage », comme on dit dans l'armée, de toutes sortes de choses très vilaines et très peu ragoûtantes.

Le chef s'avance le premier au lit de chaque malade; à son côté se trouve le panseur, portant une serviette, un bol et une fiole d'un liquide antiseptique. Après vient le pharmacien avec le cahier sur lequel seront inscrites toutes les prescriptions, puis les internes et les auditeurs. La mère suit à quelques pas, attendant l'appel du médecin, qui lui indiquera les médicaments à distribuer.

Chaque malade a sa manière à lui d'accueillir « M. le docteur », mais on peut affirmer que chez chacun il y a une bonne part de comédie. Après tout, la vie est-elle autre chose qu'une comédie, quand elle n'est pas un drame ? Celui-ci exagère son état; il prend pour lui-même un air de compassion à faire pleurer une roche; celui-là joue les braves, les stoïques; cet autre est modeste et timide; cet autre sceptique et presque arrogant; il expose son mal comme un problème, et semble défier la science de le guérir. En voici un qui se trouve suffisamment rétabli, et demande à sortir en dépit d'une évolution lente et cruelle de son affection; son voisin, au contraire, invente des complications imaginaires, qui dérouteraient tout autre que le chef de clinique, bien sûr de son diagnostic, et avec qui ces plaisanteries d'un goût douteux ne prennent plus.

Il y a aussi les désespérés par contagion qui se trouvent moins bien, parce qu'un remède n'a pas réussi sur le malade dont le lit est près du leur; et il y a les jaloux qui voudraient qu'on leur appliquât le traitement qu'ils ont vu réussir sur un autre, et cela sans se rendre compte que la maladie de cet autre n'est pas la même que la leur.

On n'en finirait pas si l'on voulait passer une à une les ruses, conscientes ou inconscientes des visités, pour intéresser le docteur et le retenir longtemps près d'eux. Pour peu que le clinicien entre dans quelque démonstration un peu développée, c'est là pour celui autour de qui cette démonstration a été faite, un sujet d'orgueil et de fierté pendant toute la journée. Celui-là rentre dans la catégorie des *beaux cas*, que j'examinerai dans un prochain chapitre.

Mais, c'est assez parler des malades, au sujet des cliniques; il convient de s'occuper, surtout à cette place, des maîtres et de leurs disciples. Dans cette cité de misère, il devait y avoir une place où je pourrais rendre hommage aux hommes d'étude et de dévouement qui y pratiquent, et ce n'est pas sortir de notre cadre que de leur consacrer quelques lignes.

D'ailleurs, les malades eux-mêmes sont fiers de leurs médecins; on se dispute parfois d'une salle à l'autre, sur la supériorité de tel ou tel clinicien : croyez bien que tous ceux qui soignent et enseignent dans les hôpitaux sont des maîtres, et des maîtres incontestés; et si l'admiration des malades, par un accès de reconnaissance, les pousse à grandir leur sauveur au détriment de la renommée des autres sauveurs de la maison, croyez bien que ce n'est là qu'un sentiment très humain et très louable, mais un sentiment auquel il serait injuste de plier une opinion raisonnée : dans ce cas, l'opinion cesserait d'être raisonnable.

Pour vous en convaincre, vous n'avez qu'à aller entendre un de ces docteurs faire une leçon dans l'amphithéâtre, établi là par la Faculté de médecine. Le maître est assis à sa table couverte d'un tapis vert. Autour de lui sont ses internes et externes, collaborateurs

6.

fournis par des examens difficiles, et qui ne tardent pas, dans la pratique quotidienne des mêmes travaux et des mêmes études, à devenir ses amis; ils le payent, en marques d'affectueux respect, de la cordialité qu'il leur témoigne.

Sur les gradins sont assis les assistants. étudiants et médecins. Et le maître traite devant cet auditoire attentif la question annoncée la semaine précédente; il s'aide pour ses démonstrations du tableau noir où il trace, à grands traits de différentes couleurs, les figures anatomiques, et de pièces extraites du musée, ces pièces merveilleuses dont je parlerai plus loin, et que l'auditoire se passe de main en main. Et rien n'est plus attachant que d'entendre ces leçons, surtout lorsque celui qui les fait est orateur comme l'éminent docteur Fournier. Ce ne sont plus alors seulement des données précises, établies par une science médicale presque infaillibles et par une longue expérience acquise au lit des malades; ce sont des aperçus plus élevés. débordant sur le domaine de la philosophie, et suivant le mal non plus chez le malade, mais dans la famille de ce malade. C'est le mystère des inéluctables hérédités qui est percé à jour; c'est l'intérêt de l'individu qui s'efface devant l'intérêt de l'humanité tout entière; c'est le devoir étroit faisant place au devoir absolu, considéré comme une des conditions précautionnelles de la vie.

Et tout cela est dit avec une simplicité et une hauteur de langage vraiment séduisantes; la pensée s'envole éloquente, vivante, généreuse, animant les théories, et donnant un saisissant relief à des choses que le vulgaire n'eût regardées qu'avec une attention distraite. De pareilles séances sont tout à la fois un plaisir de savant et un plaisir de délicat : c'est la netteté de l'idée servie par la netteté de l'expression. Des maitres, comme celui dont je parle, vous révèlent du même coup le charme de la science et la science du charme.

Il faudrait que de si belles leçons fussent répandues à des milliers d'exemplaires dans les masses du peuple, où l'on se figure encore que l'hôpital n'est qu'une immense table d'expérience où les malheureux servent de pâture aux appétits de la médecine en mal de découvertes. On y verrait au contraire que les maitres, qui sont chargés d'une clinique, ont une solidité de doctrine qui les éloigne des aventures; que le progrès, qui les force d'énoncer des hypothèses ne leur fait jamais oublier que leur tàche est avant tout de profiter, au bénéfice des malades, de résultats sérieusement acquis; enfin que les essais qu'ils tentent, ils en acceptent toute la responsabilité, parce qu'ils en peuvent justifier l'opportunité par l'intérêt du patient et par des preuves certaines d'un succès probable.

Ceux qui déclarent que le « pauvre peuple » sert à apprendre aux médecins comment on guérit les « riches », n'ont jamais suivi un de ses maitres dévoués dans sa clinique ou dans ses cours. Ils n'ont pas vu avec quelle abnégation ils s'employaient à soulager tous les maux, à lutter contre toutes les misères; ils n'ont pas compris de quelle pitié ils étaient émus devant la souffrance, et que de veilles ils épuisaient à chercher les moyens de la combattre.

Ces maitres, je ne crains pas de l'affirmer, sont tous des hommes au cœur haut placé, qui ont conscience de leur noble mission, quelqu'ingrate qu'elle puisse être, et c'est un devoir pour ceux qui ont été les témoins de leur infatigable dévouement, de payer, quand l'occasion s'en présente, le tribut d'admiration qui leur est bien dû.

Que vienne une calamité publique, une de ces épidémies qui traversent les faubourgs, et précipitent les victimes dans la tombe, vous verrez toujours à leur poste sans mesurer le danger, sans épargner leur fatigue, plein d'un zèle qui atteint au sublime, vous verrez toujours les maitres et leurs disciples; et tous les ans, malheureusement, la maladie contractée au lit des malades, fauche avec assez de violence dans les rangs des internes, pour que l'héroïsme de ces vaillants soit aujourd'hui incontesté.

Il me reste à traiter sur la question des
maitres, un point qui touche à une simple
question d'administration. On sait que l'hôpital Saint-Louis est un hôpital spécial. Or,
le bureau central de l'Assistance publique
nomme, pour diriger les cliniques, lorsqu'une
vacance se produit, les médecins que leur
ordre d'inscription désigne pour une chaire de
titulaire. Pour certaines cliniques médicales,
c'est là un procédé de justice qui ne présente
aucun inconvénient. Mais, quand il s'agit des
affections de la peau on risque, en agissant
ainsi, d'envoyer, auprès des malades, des
hommes qui n'ont aucune pratique de la dermatologie.

Il est incontestable qu'il y a certaines bran-
ches de la pathologie qui exigent une spécialisation, et c'est commettre une grosse erreur
que de n'en pas vouloir tenir compte. Tel docteur, dont le cabinet est suivi avec succès pour
la médecine générale, se trouvera très embar-
rassé s'il lui faut porter un diagnostic sur des
affections de la peau confusément caractérisées,

et incapable d'instituer un traitement utile. Quand il s'agit des yeux, du larynx et de la peau, un spécialiste s'impose dans l'intérêt des malades. Je ne veux pas à cette place discuter à fond le principe de la spécialisation, bien que je sache combien il compte d'adversaires; mais j'indique seulement la nécessité de la spécialisation en ce qui concerne le corps des médecins pratiquant à l'hôpital Saint-Louis, et je soumets cette nécessité à la conscience des membres du Bureau central et des directeurs de l'Assistance publique.

CHAPITRE VII

La chirurgie. — Une opération.

Depuis une vingtaine d'années ce mot de chirurgie ne doit plus éveiller, en l'esprit de ceux
qui l'entendent, qu'un sentiment profond d'admiration et de gratitude pour les docteurs qui
ont aidé cette science à grandir. Il y a, à
l'heure actuelle, des praticiens dont l'audace,
basée sur une connaissance toujours en progrès
de la physiologie, dépasse tout ce qu'on aurait
osé imaginer. Chaque jour c'est une opération
nouvelle, qui, relatée dans les feuilles pu-
bliques, peut prétendre à devenir une décou-
verte ; et l'on se demande, en constatant le

chemin parcouru, en considérant les efforts si laborieusement et si heureusement accomplis, on se demande jusqu'où la chirurgie n'ira pas.

Est-il un organe, si profond, si délicat, qui ait échappé à ses investigations? Est-il un problème de ces mystérieuses anomalies de l'être humain, qui soit demeuré inétudié, encore que la solution en paraisse devoir demeurer toujours secrète ?

Les lois de l'existence, le bistouri les déchiffre maintenant dans les chairs vives; la main qui le guide sait se reconnaître au milieu de cette infinité de tissus qui défendent la charpente, et la science ne reste plus muette devant ces effroyables végétations qui viennent gêner l'organisme, le déforment et l'atrophient.

Mais quel spectacle aussi qu'une opération faite à la clinique de chirurgie! Quel drame d'irrésistible émotion! quel admirable combat, où le chirurgien doit être un soldat intrépide!

La salle est disposée en amphithéâtre, sur les gradins, médecins et étudiants sont assis, attentifs à l'action qui va se passer devant eux,

le cahier de papier à la main, tout prêt à recevoir les notes. Dans la partie basse de la salle
se trouve la scène.

C'est d'abord le lit d'opération, une sorte de
sommier recouvert de cuir, et protégé par des
draps : assez élevé, pour que l'opérateur, le cas
échéant, puisse se tenir debout. Autour, de
hautes fenêtres, qui versent par leurs vitres
claires, une lumière éclatante. Au-dessus du lit,
et par mesure de précaution, une lampe à foyer
électrique. A droite de la salle, un large évier
sur lequel des robinets, toujours ouverts, répandent de l'eau avec un refrain monotone de
source ; puis des compresses, des linges, des
alèzes, des bassins où de fines éponges semblent, dans leur jaune doré, de capricieux
échaudés, d'autres bassins remplis d'une solution de sublimé, d'acide phénique, etc., toute
la séquelle des antiseptiques.

A gauche, sur des tables, les trousses sont
ouvertes, dessinant sur le velours des écrins
les lignes variées des instruments, pinces,
ciseaux droits et courbés, bistouris, grattoirs,

scies, limes, aiguilles, sondes, etc. Sur un réchaud, des solutions d'acide phénique ; dans des fioles, de l'iodoforme, aux senteurs imprégnantes ; dans un bocal étroit, des fils d'argent et autres, — ces fils pour les coutures et les broderies guérisseuses.

Mais le chirurgien est entré ; de la civière où on le tenait endormi, le malade est porté par les infirmiers sur le lit d'opération. Le maitre indique la position à donner au corps. Les aides, internes et externes, sont à leurs postes. Celui-ci, le flacon de chloroforme dans son gousset, surveille l'état d'anesthésie du patient. D'un mouchoir imbibé, il maintient le sommeil : on dirait qu'il suspend la vie sur les lèvres du malheureux ; parfois il s'incline pour écouter le cœur battre. Celui-là maintient un bras, cet autre porte une jambe ; chacun a son rôle ; chacun est prêt à obéir, sur un mot, un geste, un signe du chirurgien.

Une mère, en cornette blanche, s'occupe des linges, des éponges et des lavages ; les infirmiers attendent pour les services accessoires.

Le maître va commencer : il est vêtu de l'habit noir ; pour accomplir sa tâche auprès des malheureux, il n'y a pour lui d'autre tenue que la tenue officielle ; c'est que sa tâche est un sacerdoce, et dans les laideurs qu'il touche, il y a tant de points de contact avec l'éternité !

Dans sa physionomie, d'ailleurs, on devine l'impression de l'opérateur, à l'instant de livrer sa bataille, toujours de sang-froid, et sur ses gardes, se demandant quel ennemi imprévu il va rencontrer, derrière celui que lui a révélé son diagnostic, ne se défendant pas cependant d'une émotion, élevant son devoir à la hauteur d'une responsabilité humaine.

D'une main il a relevé ses cheveux longs, à l'extrémité frisée et blanche. Il tient la tête un peu renversée ; les tempes sont découvertes ; la calvitie commence à s'indiquer : les favoris sont épais et drus.

Le maître a pris la feuille d'observation. Il lit les documents recueillis sur le malade ; il expose le cas particulier qui se présente : avec une netteté de pensée et de science, qui ne vise ni à une érudition déplacée, ni à une éloquence inopportune, il explique et justifie son diagnostic, définit l'opération qu'il va faire et comment il va la faire. Puis, voici l'instant vraiment solennel : le maître a posé ses notes. Il écarte les bras, la mère lui passe et attache autour du col une serviette blanche. Le silence est absolu dans la salle ; seule, la respiration un peu bruyante du malade se mêle au bruit de l'eau coulant sur l'évier. Au pied du lit, tous les aides sont massés.

— Un bistouri, dit le maître.

Et voilà une première incision faite ; le derme s'écarte ; une longue raie rouge marque la longueur de la plaie, qui va s'élargissant, s'approfondissant, avec méthode, prudemment, savamment, mais impitoyablement. Et l'on entend des mots secs, jetés au-dessus de cette chose béante :

— Des éponges... une pince... un bistouri... un autre, celui-ci ne coupe pas... des éponges... maintenez les pinces... soutenez la jambe... des ciseaux courbés... une petite éponge... »

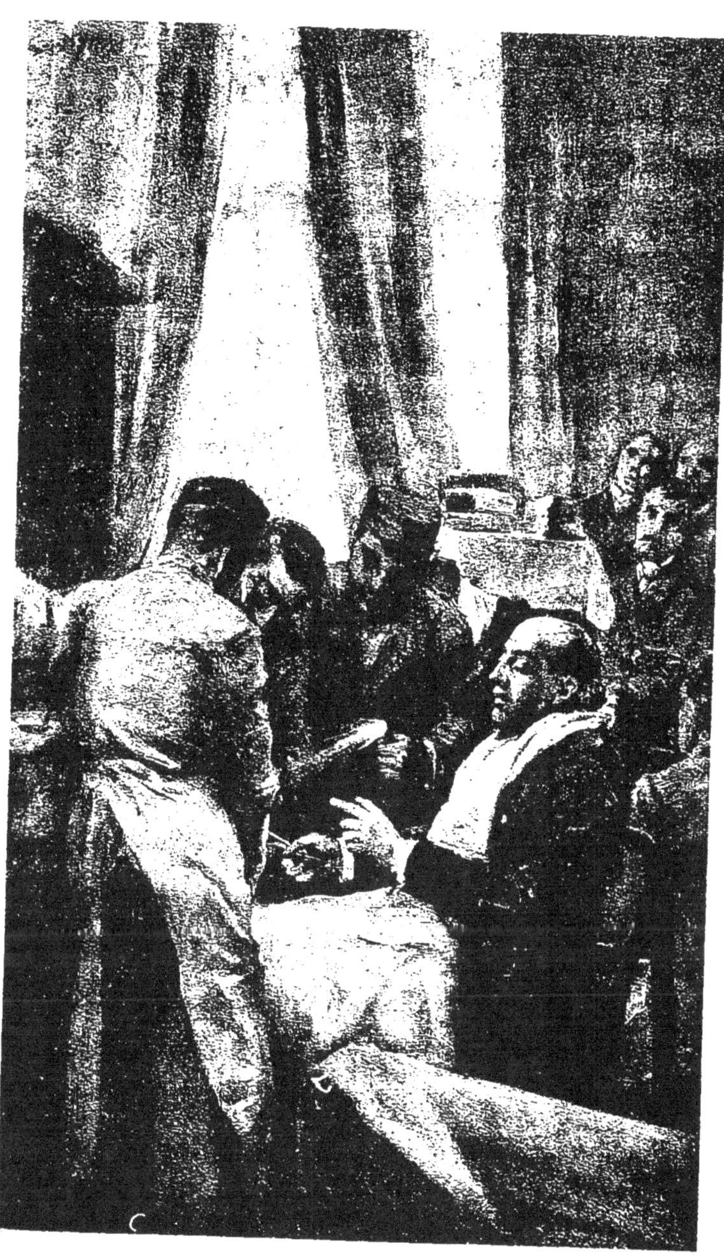

Celle-ci est montée au bout d'une longue tige. A l'instant de l'appliquer à l'endroit nécessaire, un aide, par un faux mouvement, a desserré une pince hémostatique ; un vaisseau s'est rouvert. L'opérateur, pour le comprimer, lâche la tige à éponge et celle-ci s'enfonce dans l'effroyable ouverture, sonnant d'un bruit mat sur un os. Tous les assistants ont un frisson ; toutes les respirations s'arrêtent ; il y a comme une étreinte qui vous prend aux reins. Le maître n'a pas bronché ; avec un admirable sang-froid, il a ressaisi la tige et épongé le sang là où il fallait, et l'opération se continue superbe et terrible, audacieuse et magistrale, mettant à nu le mal qu'elle va chercher jusqu'en ses retraites les plus profondes, coupant, rognant, creusant, fouillant ; et c'est un échange rapide d'instruments de toute forme et de tout usage, qui viennent, comme à l'envi, donner leur coup de dent à cette chaire meurtrie, à ces muscles disjoints et insensibles ; et les éponges, buveuses de sang, abandonnent leur blondeur d'épis mûrs, pour se gorger de cette pourpre où des sanies morbides faisaient germer leur infection.

Mais un grincement se fait entendre. L'opérateur est aux prises avec la carie, aux appétits rongeurs, et le grattoir passe et repasse sur l'os atteint. Alors, le patient, toujours endormi, perçoit dans l'engourdissement artificiel de son être, une douleur insupportable, et chaque fois que le grattoir le touche, le malheureux arrache de sa gorge des hurlements de fauve. Oh! ces cris de vaincu résonnant tout à coup après le long silence attentif, et venant augmenter l'horreur de cette boucherie, qui pourtant est la boucherie bienfaisante et protectrice? Ces cris, ils vivent pour toute la vie dans le souvenir de ceux qui les ont entendus, ces cris plus terribles que toutes les géhennes que Dante fait hurler dans les cercles angoissés de l'enfer!

Mais l'opération s'achève; tandis que l'opérateur, s'étant détourné, se lave les mains, ces mains habiles que toutes les immondices ont souillées, au cours de cette lutte contre un mal envahisseur; tandis que, très simple, il rend la serviette attachée à son col, sans dégoût pour tant de répugnantes hideurs, plein de compassion et grave ; les internes font des coutures, ferment les plaies, appliquent des compresses, achèvent le premier pansement, posent les premiers appareils. Le patient est recouvert de draps et de flanelles ; on l'enlève ; on le place sur la civière ; son sommeil se prolonge encore ; son visage est pâle, d'une pâleur de cire ; les porteurs ont passé les bretelles de la civière, un interne suit le triste cortège, qui disparaît sous les gradins ; le patient est ramené à son lit. Va-t-il se réveiller ? Mais qu'il ne se hâte point ! Quel réveil l'attend, quelle douleur le guette dès le premier instant de retour à la sensibilité !...

Cependant, on a préparé de nouveau le lit d'opération ; on y a couché un autre patient, une femme. cette fois, et le maître, malgré la fatigue d'une épreuve si longue et si pénible, va recommencer. Et il en sera ainsi toute la matinée ; et il en sera ainsi tous les jours de clinique, et il en sera ainsi des semaines et des années! Un peu rude quand il s'agit d'un homme, plus doux quand il s'agit d'une femme ; le maitre a d'infinies délicatesses quand il opère un enfant. On l'entend, au milieu des ordres qu'il donne, murmurer, comme s'il se parlait à lui-même : des « pauvre petit ! Pauvre enfant ! » chaque fois que sur sa sensibilité d'homme éveillé, retentit l'incision qu'il vient de pratiquer sur le corps insensible du petit patient.

Oh ! c'est un spectacle touchant que celui-là ! Il est beau le rôle de cet homme, dont toute la vie, dont les veillées se sont passées dans le travail le plus assidu, pour venir un jour porter, alors qu'il est célèbre parmi les célèbres, le fruit de son travail, de sa science et de son génie, aux infortunés et aux misérables.

La récompense, mieux que dans les vaines distinctions d'ici-bas, réside tout entière dans la conscience d'un grand devoir grandement accompli, et la reconnaissance des humbles, par ses soins réchappés, doit être un baume pour son âme.

Un jour que le docteur Péan passait auprès d'une de ses malades, une vieille femme que l'illustre praticien avait sauvée, celle-ci lui prit la main. Et comme le docteur lui demandait ce qu'elle avait à lui dire, si elle se sentait mieux, si sa convalescence lui redonnait de l'espoir :

« Ah ! monsieur le docteur, fit-elle, la voix coupée de larmes, les hommes comme vous, ça ne devrait pas mourir ! »

Et le docteur fut ému à son tour : et ce fut une grande joie pour lui, que ce cri parti du cœur, qui le remerciait en une seule fois lui et ses confrères, de tout l'héroïsme dépensé aux chevets des désespérés pendant les années d'une longue carrière bien remplie !

CHAPITRE VIII

L'anesthésie et la douleur moderne.

Et tout d'abord, y a-t-il une douleur moderne? Cette question peut-elle être exactement posée? Et si elle peut être posée, est-elle bien formulée ainsi : Y a-t-il une douleur moderne?

Certains physiologistes nous répondent qu'une pareille question est inutile, et qu'en admettant pour un instant sa discussion, on ne peut qu'arriver à des conclusions pénibles pour ceux que leur état pathogénique exposera à cette douleur. D'autres, plus absolus, affirment qu'il n'y a pas de douleur moderne, — il s'agit bien entendu de douleurs chirurgicales, — puisque l'anesthésie est là pour supprimer la douleur et la supprime effectivement. Ceux-là croient prouver que la douleur n'existe pas pendant l'état d'anesthésie, par ce fait que l'opéré ne se souvient plus, après l'opération, de ce qu'il a éprouvé, et expliquent les cris et les gémissements que laissent échapper les anesthésiés, par des sensations réflexes. Quoi qu'il en soit, et quelque critique que doive soulever mon opinion, quelque opposition qu'elle doive rencontrer du côté des physiologistes, je veux me placer exclusivement sur le terrain de la psychopathie, et je pense avoir le droit de demander : « Y a-t-il une douleur moderne? »

Avant d'aller plus loin, examinons ce que c'est que l'anesthésie. Le mot formé du grec (αν privatif et αἴσθησις, sensibilité) se traduit, en langage courant, par *privation de la sensibilité*. Or, je prétends que dans l'anesthésie, il y a certainement diminution de la sensibilité; mais il y a surtout impossibilité pour l'anesthésié de manifester sa sensibilité; c'est ce que je veux m'efforcer de démontrer.

L'anesthésie, dont le procédé ne date que d'un demi-siècle, est une invention de l'empirisme. On sait que le *léthéon*, dont se servaient Morton et Ch. Jackson, les deux associés brevetés de Boston, n'était autre que de l'éther ordinaire dissimulé dans de l'essence de néroli. Ces deux inventeurs, à l'aide de leur léthéon, dont la composition était tenue secrète, obtenaient des patients l'inertie pendant les opérations chirurgicales, et de cette inertie. déduisaient l'insensibilité à la douleur.

Voilà le principe d'où on est parti : le malade est inerte, donc il est insensible : en expliquant pourquoi il est inerte, on explique nécessairement pourquoi il est insensible. C'est ce principe, peut-être exact au point de vue physiologique, que je veux combattre au point de vue de la psychopathie. Certes, j'admire comme tout le monde ces procédés qui permettent de tenter, avec chance de succès, grâce à l'inertie du patient, des opérations, qu'éveillé, ce même patient n'aurait jamais supportées, soit à cause de la longue durée de la souffrance, soit à cause

8.

de l'acuité de cette souffrance, soit à cause des mouvements et des spasmes que cette souffrance auraient instinctivement provoquées.

Jusqu'où va la douleur sans s'appeler la mort?

s'est écrié un jour un poète. La chirurgie, grâce à la pratique de l'anesthésie, est parvenue, pour ainsi dire, à reculer le domaine de la mort dans le champ de ses opérations; mais qui donc oserait affirmer que tout le terrain qu'elle a conquis sur la mort, la chirurgie ne l'a pas conquis pour la douleur?

Remarquez que si l'anesthésie ne date que de 1846 comme mode préparatoire à des opérations chirurgicales, l'effet de certains gaz sur le système nerveux avait été constaté très longtemps avant cette date. Denis Papin, dans un manuscrit daté de 1681, déclare « qu'il y a des moyens, connus ou à trouver, d'éteindre la sensibilité des malades et de leur épargner la douleur des opérations. » D'autre part, en 1799, Humphry Dawy, préparateur de Beddoes, le fondateur de l'*Institut pneumatique*, à Clyfton, près de Bristol, exécutait des recherches sur le protoxyde d'azote, et remarquait que les aspirations de protoxyde de nitrogène faisaient éprouver « une sensation de bien-être extraordinaire, et des impressions de gaieté qui se traduisaient souvent par un cri bruyant. » C'est même de cette époque que le protoxyde d'azote reçut le nom de *gaz hilarant*. Il y avait dans ces expériences, qui furent très courues, comme l'ambryon de la méthode anesthésique; et vous remarquerez qu'il ne s'agit pas alors de procurer l'insensibilisation, mais de provoquer, au contraire, une excitation définie de la sensibilité.

Je ne puis m'attarder ici sur l'histoire de l'anesthésie, et je renvoie ceux que cette question des débuts intéresse, au remarquable ouvrage (1) de M. H. Dastre, l'éminent professeur de physiologie à la Sorbonne. Je dois arriver de suite à la théorie de la sensibilité que je prétends soutenir, et j'emprunterai beaucoup à

(1) *Les Anesthésiques*, 1 vol. in-8°, Paris, 1890, G. Masson, éditeur.

M. Dastre, en ce qui concerne surtout les effets physiologiques de l'anesthésie.

Comment se comporte un anesthésique avec l'organisme sur lequel il agit?

Après Claude Bernard et Paul Bert, M. Dastre nous dit que la sensibilité et la motilité, qui sont les phénomènes véritablement caractéristiques de la vitalité, sont abolis, tandis que les autres phénomènes, comme la digestion, ont leur train ordinaire. Il nous dit encore que l'anesthésie est un empoisonnement progressif, capable d'atteindre tous les êtres dans leur vitalité, à quelque règne qu'ils appartiennent, et de l'atteindre « dans ce que la matière vivante a d'essentiellement propre ». Pour lui, « l'anes · thésique est donc le *réactif de la vie*, non le réactif seulement de la sensibilité ou de telle autre fonction. »

Il faut donc admettre que l'action des anesthésiques est universelle, ne laissant en dehors de son domaine aucune parcelle de l'organisme, et que cette action est inconnue. M. Dastre, avec une science qu'on ne peut mettre en doute et une grande clarté d'exposition, a établi dans quel ordre cette action universelle et nécessaire se produisait.

« Imaginons, dit-il, que l'on établisse un classement des organes nerveux par ordre de susceptibilité à l'action anesthésique, le plus impressionnable étant en tête de la liste, le moins impressionnable étant à la fin. Cette liste exprimera en même temps l'ordre même de leur dignité physiologique : le premier rang sera dévolu aux hémisphères cérébraux, instrument des plus hautes facultés de la vie psychique, et le dernier appartiendra au bulbe, instrument nerveux des fonctions purement utiles de respiration et de circulation. Entre ces termes extrêmes prendra place la moelle épinière, conducteur des impressions sensitives et point de passage des impulsions motrices. »

Et sortant de cette classification, purement théorique, pour passer à l'application des anesthésies en chirurgie, M. Dastre ajoute :

« Les chirurgiens distinguent dans la marche commune de l'anesthésie quatre périodes : la première est marquée par la suspension des fonctions du cerveau, d'où résulte le sommeil; la seconde est marquée par l'abolition des fonctions de la moelle, considérée comme organe conducteur de la sensibilité, d'où la complète anesthésie; la troisième débute avec l'abolition des fonctions des départements de la moelle qui président aux réactions musculaires, d'où l'inertie et la résolution des muscles; enfin, en tout dernier lieu, le bulbe est atteint, d'où la cessation de la respiration et l'arrêt du cœur, la mort, conséquence fatale de l'anesthésie poussée à son terme extrême. »

Il y a donc un moment, — moment que doit éviter le chirurgien, — où l'anesthésie, cet empoisonnement progressif et limité, peut se confondre avec la mort. Et c'est sans doute pour cela que l'anesthésie, par prudence, n'étant pas poussée assez loin, laisse encore au malade, qui ne se souviendra plus de rien après le réveil, une certaine part de sensibilité.

Ce que le chirurgien cherche à obtenir par l'anesthésie, par cet empoisonnement limité qui est « le premier stade de l'empoisonnement général » c'est l'abolition chez l'opéré, de la sensibilité et de la conscience. La physiologie nous déclare que ce double but est atteint. Elle nous montre que l'anesthésie, après une période d'excitation où se manifeste un véritable état d'ivresse, provoque un sommeil plus profond que le sommeil naturel, un sommeil rebelle à toute perception, un sommeil sans conscience et sans rêve, un sommeil qui ne laissera aucun souvenir. La vie de relation se trouve éteinte ; seule subsiste la vie végétative « surveillée par le bulbe encore actif, et le système sympathique encore intact. »

Pourtant l'opéré, dont le corps est inerte, dont la résolution musculaire s'est produite, après cette lutte qu'il a livré, aux premières aspirations de l'anesthésique, l'opéré, lorsque l'opérateur touchera certains organes, laissera échapper des grondements, des rugissements parfois. « Sensations réflexes », répond la physiologie.

Pourtant cet opéré inerte, à certains moments de l'opération, aura des mouvements, des contractions. « Mouvements réflexes » répond encore la physiologie. Je ne parle pas, bien entendu, des cas où le patient n'est pas suffisamment endormi, quoique les sensations perçues pendant l'anesthésie incomplète, soient vraiment de nature à fournir un paragraphe dans l'examen de la douleur moderne.

Eh bien, j'en demande pardon aux maîtres éminents qui ont fait de la sensibilité physiologique une étude approfondie ; mais au point de vue psychique, dans ces affirmations « sensations réflexes, mouvements réflexes », je vois des mots et non des preuves. Vous nous dites : le malade n'a plus conscience de la douleur, et la preuve, c'est qu'il ne s'en souvient plus. Vous dites encore : Il ne sent pas la douleur, puisqu'à un certain moment, où, en état de veille l'opération lui arracherait des cris, il rit aux éclats, ou chante.

Et vous prétendez que ce sont là des preuves de l'abolition de la conscience, pendant l'état d'anesthésie ! Dans quelle situation se trouve l'anesthésié ? C'est un empoisonné ; c'est un être

dont les forces ont été successivement paraly-
sées, forces pour se défendre contre la douleur,
forces pour avoir l'appréhension de cette douleur,
forces pour traduire la perception de la douleur.

D'autre part, comme la vie de relation est
suspendue, comme l'anesthésié est, en somme,
désorganisé, qui vous dit que le rire que vous
remarquiez tout à l'heure est la traduction
d'une sensation de plaisir, et non d'une sensation de douleur. Voyez ce qui se passe chez
certains aliénés, dont le cerveau, à l'autopsie,
ne vous révélerait pourtant aucune lésion. Ils
se blessent, ils rient : ils se jettent gloutonne-
ment sur un mets qui leur plaît ; ils l'absorbent
avec un empressement qui exprime le besoin
ou le plaisir, qu'importe : ils pleurent. Ne peut-
on donc pas admettre que dans certains cas le
système nerveux n'est plus qu'un agent faussé
au service de la conscience, interprétant à tort
et à travers les sensations perçues, jusqu'au
point, je l'accorde, de ne plus rien sentir, dans
certains cas d'extrême affaiblissement, d'extrême anémie ?

Certes les affirmations apportées par M. Dastre, dont j'admire, en disciple respectueux, la haute science, et les laborieuses découvertes dans le domaine de la physiologie ; certes, ces affirmations sont séduisantes : je voudrais pouvoir le suivre jusqu'au bout, quand il dit, avec cette patience d'analyse qui est sienne :

« Après les hémisphères cérébraux, la moelle épinière, imprégnée par l'agent anesthésique, se prend à son tour. Les territoires de la moelle où aboutissent les nerfs sensitifs perdent leurs fonctions. Ils cessent de diriger vers le cerveau des impressions que celui-ci d'ailleurs ne serait pas en état de percevoir. L'investissement des centres encéphaliques est alors complet. Déjà plongés dans le sommeil et isolés par là même du monde extérieur, ils sont à ce moment coupés de leurs communications avec lui. Les agitations du dehors viennent expirer sur cette écorce insensible qui sépare les centres nerveux de la surface du corps. La disparition des diverses formes de la sensibilité a lieu successivement. C'est la sensibilité à la douleur qui disparait d'abord; en sorte que l'opéré peut encore sentir confusément l'incision sans en souffrir. »

Voilà ce que la physiologie nous révèle; mais la physiologie a-t-elle touché là, même du doigt, la vérité? A-t-elle fourni la preuve qu'il peut y avoir une absolue insensibilité en dehors de la mort? A-t-elle déchiffré, irréfutablement, l'insondable mystère de la vie, dans ce qu'elle a de plus puissant, et de plus délicat à la fois, la perception des sensations? A-t-elle découvert dans l'anesthésie, le frein réel, et non seulement apparent, de la douleur physique?

Le professeur P. Mantegazza, a écrit : « L'anesthésie chirurgicale est une des plus grandes inventions de notre siècle et par elle nous avons pu supprimer une bonne moitié des douleurs physiques, en rendant possible presque toutes les opérations sans la douleur et sans l'angoisse encore plus terrible (1) ».

(1) *Physiologie de la Douleur*, 1 vol. in-18. Librairie illustrée, 1888.

Oui, l'anesthésie est un bienfait ; mais je le demande, même aux physiologistes : croyez-vous que l'anesthésie n'est pas l'initiatrice d'une douleur moderne ?

CHAPITRE IX

Un coin de campagne.

Nous avons assisté, dans un précédent chapitre, à une clinique chirurgicale : le savant
professeur a taillé en pleine chair; il a ouvert
des plaies d'une invraisemblable étendue; après,
les pansements ont été faits, ainsi que les coutures.

Mais remettre le malade dans son lit, à la
place qu'il occupait dans une salle commune,
c'est exposer ses voisins à souffrir des cris de
douleur qui lui échapperont au réveil; c'est
l'exposer lui-même à manquer de l'air et du
calme dont son extrême faiblesse a besoin. Ce

grand opéré, il faut bien en convenir, est dans une situation toute spéciale : le chirurgien a donné toute sa science ; le malade a donné toute la force, toute la robustesse de sa constitution ; pour que la convalescence se produise sans accident, sans complication, il faut que la nature opère à son tour ; il faut qu'elle accomplisse un dernier miracle ; il faut qu'elle ramène vraiment la vie, dans cette chair pantelante, dans cet organisme, profondément ébranlé par ce rude et double assaut, l'assaut du mal et l'assaut de la science.

Pour ces grands opérés, pour ces réchappés, on a installé au fond de l'hôpital de petits pavillons, de petits baraquements. Chaque pavillon contient un lit, deux au plus. Une baie, largement ouverte, laisse à l'air une libre et vivifiante circulation. Le lit, est-il besoin de le dire, est machiné avec tout le confort et tout le perfectionnement d'appareils modernes. Au dehors, près du seuil, une sorte d'auvent sert d'abri à la garde, et contient un poêle, qui règle et assure une température modérée.

Et tout autour, de grands arbres, de l'herbe, des fleurs, et aucun bruit de la rue. La campagne, la pleine campagne avec ses senteurs fortifiantes ; et cela, dans un faubourg de Paris, au fond de la cité de misère, toute grouillante de sa population sans cesse renouvelée.

Parfois, jusqu'au pied du lit où repose le grand opéré, une poule, raide sur ses deux pattes, avec le balancement quêteur de son cou, vient chercher la graine ou l'insecte qu'elle pique d'un coup de bec ; puis, c'est devant la porte, toujours ouverte, un lapin qui passe, faisant trois pas, et se ramassant en un bloc fourré sur son train de derrière, l'air effaré, l'œil craintif, les longues oreilles couchées ; au milieu, autour, dans les pavillons, partout, c'est un chat qui se promène, majestueux et familier, le museau placide, la queue en panache ondulant ; ce sont en un mot les bêtes domestiques donnant par le spectacle tranquille de la vie, l'apaisement où l'on ressuscite des secousses qui tuent.

Et les grands opérés, en les voyant, en les

suivant du regard, sans pensée, sans se souvenir des tortures passées, sans prévoir les angoisses du lendemain, se laissent aller à l'engourdissement où la sensibilité trop surexcitée abdique tout son pouvoir.

Lorsque la convalescence se prononce, un sentiment d'intérêt pour des choses très simples succède à cette sorte d'indifférence passive. La venue dans le pavillon d'un chat, d'un lapin ou d'une poule sera pour le malade une distraction, et tout le temps que dure la visite de la bête, le malade s'occupe de la regarder, de deviner ce qu'elle veut, ce qu'elle cherche, et d'avoir la même volonté; et dans l'immobilité que lui impose ses pansements et ses appareils, c'est là pour le grand opéré l'affirmation de la vie et du mouvement.

Parfois, vers le déclin du jour, avant que l'ombre se soit épaissie dans la nuit, — la nuit longue! longue! — un oiseau chante dans un arbre voisin; et cette chanson, suivant le caprice du musicien ailé, a de rapides envolées, et de brusques arrêts, et de limpides modula-

tions. Alors le grand opéré ferme les yeux :
tout s'efface autour de lui; il assiste dans son
âme au spectacle enchanteur d'un rêve; ce
coin de campagne dont l'Assistance publique a
soin d'envelopper sa détresse, s'élargit en une
campagne énorme : il voit des massifs d'arbres
élevés au milieu des verdures embaumées, tandis que l'horizon où se dentellent les collines,
s'empourpre des feux du soleil couchant; et les
oiseaux aussi, là-bas, chantent d'émouvantes
berceuses!

Et le malade, ainsi bercé par la sérénade que
Dieu a mis pour lui dans le gosier des oiseaux,
le malade passe doucement de la rêverie au
sommeil. Il lui semble bien entendre encore le
bruit lointain de la cloche sonnant l'Angélus;
et tout son être se recueille instinctivement, inconsciemment.

Et ce tintement qu'il perçoit lointainement,
n'est autre que le choc atténué du rosaire qui
pend à la ceinture de la mère, la pieuse fille,
debout près de lui, et priant que la nuit lui soit
douce, qu'elle lui soit brève, et que l'apaise-

ment demeure dans ce corps si violemment éprouvé.

Souvent des malades, à la veille d'être opérés, se répétaient avec terreur que le lendemain ils seraient transportés aux *châlets*, — c'est le nom dont on désigne ces pavillons éloignés.

Ce mot, châlet, avait à leurs yeux une poignante tristesse. C'est qu'ils entrevoyaient derrière cet isolement, l'abandon plus pénible encore que la douleur.

Or, l'abandon est inconnu dans la cité de misère, et l'ambiance rustique, qui règne autour du coin de campagne des grands opérés, a même cette vertu de donner à tout ce qui approche de ses hôtes, je ne sais quoi de consolant et de riant. Le malade n'y est plus un numéro dans la froide succession des lits d'une salle ; il n'est plus le 15 ou le 25 de la salle X ou Y. Il reprend sa personnalité ; parfois même on sait son nom, et tous ceux qui s'approchent du lit, chef de service, internes, administrateurs, infirmiers, etc., tous ceux-là sont des visiteurs bienvenus, presque des amis. Et dans cette sérénité qui se transmet du corps à l'esprit, la guérison vient plus patiente, plus sûre.

Pourtant, il est des grands opérés que nulle science humaine ne peut ressusciter ; pour ceux-là encore, le coin de campagne est un suprême adoucissement. La mort qui les guette, au sortir de la lutte désormais impuissante, les trouve plus calmes, plus reposés ; ils s'endorment, sans que rien des angoisses de la terre vienne troubler leur dernier sommeil ; ils meurent avec la vision de la vie saine dans les yeux : plus de cris autour d'eux ; plus de larmes avec d'autres douleurs que les leurs ; plus d'agonies qui semblent railler leur propre agonie !

Et sur leurs lèvres refroidies, un sourire d'apaisement peut venir expirer, tandis qu'au milieu des frondaisons prochaines, l'oiseau, en des notes monotones, annonce à toute la nature qu'une âme vient de s'envoler !

CHAPITRE X

Les convalescents.

Il est peu de gens qui n'aient jamais été malades au cours de leur existence ; il en est peu, par conséquent, à qui les douceurs de la convalescence soient inconnues.

Et il faut bien avouer que si la maladie ne laissait pas que de tourmenter toujours par son imprévu et par les caprices de son évolution, on l'accepterait presque avec plaisir, tant la période qui suit, la période de convalescence a de charmes jusque-là ignorés. Seulement la maladie est traîtresse ; quelle que soit la science du praticien appelé à la soigner, elle est toujours capable de lui jouer un mauvais tour, et de frapper mortellement le patient, « sans autorisation du médecin », disent les gens du peuple. Tout, en effet, est subjectif chez le malade; et tout a son importance autour de la maladie, aussi bien la saison, le climat, l'époque physiologique que la nature même, les antécédents, les habitudes et les hérédités du malade. Il est des gens qui résistent aux affections typhiques les plus accidentées; il en est d'autres qui succombent pour un rhume de cerveau.

« *Quis es?* Qui es-tu? » demande à l'homme l'ecclésiaste, avec la méprisante incertitude de la foi.

— Qu'en sais-je, répond modestement le philosophe; et les annales de la santé humaine, qui donnent des moyennes rassurantes, mais qui, lorsqu'on prend un à un les individus, présentent de si larges écarts, ne nous permettent pas d'apprécier autrement que par un doute, qui contient l'aveu même de notre ignorance, ces différences énormes, et ces iniquités de nature et de tempérament.

Mais supposons un malade en voie de guérison.

La convalescence ouvre pour lui une période
de sereine joie, une période de bonheur indéfinissable; il ne sait pas vouloir; il ne dirige pas
son désir vers tel ou tel objet, vers telle ou telle
sensation; il n'a encore de goût pour aucune
des choses qui, avant sa maladie, l'attiraient
obstinément; il n'éprouve plus de ces colères,
de ces aversions, de ces haines, que la fièvre et
la lassitude ou l'acuité du mal avaient fait naitre
en son imagination troublée; il se laisse vivre;
il est heureux de se sentir vivre; et son bonheur, ce bonheur indéfinissable, n'est peut-être
que l'expression innomée du bonheur absolu.

Il y là un état d'âme, spécial, causé par un
état spécial de la bête; et tous, nous devons en
passer par là, petits et grands. Chez l'enfant,
la période heureuse est plus longue, parce que
l'enfant n'est pas ressaisi par des occupations
qui ne tardent pas à assaillir l'homme fait.
L'enfant renaît réellement à la vie pendant la
convalescence; il a tous les étonnements du

retour, toutes les curiosités; sa mémoire est lente à se remettre, il ne se souvient plus; ce qu'il voit est nouveau pour lui; et chacune de ses découvertes lui arrache des éclats de gaieté. De plus, il est en butte à de chères câlineries, à des gâteries de tous les instants, à une attention tendre qui ne se dément ni ne se lasse; il est enveloppé d'amour, et cet amour le réconforte; la maladie n'est plus qu'un mauvais rêve, déjà lointain, très lointain, pendant lequel il a vu, au-dessus de sa couchette, des yeux qu'il ne reconnaissait plus, peut-être parce qu'ils pleuraient. Et la mère, toute à cette résurrection, s'emploie aussi à effacer le passé, à force de tendresse, d'abnégation et de dévouement.

Oh! les mères, auprès des berceaux enfiévrés! Comme elles n'appartiennent plus à la terre! Comme le génie qu'elles ont du sacrifice et du devoir parle dans toutes leurs veilles, d'un autre monde où tout est pur, sublime, divin!

Mais chez les grandes personnes aussi la convalescence est exquise. Si la sensation de

rappel à la santé est plus raisonnée, elle n'en est pas moins agréable. Toutefois, il est nécessaire pour le convalescent que la maladie a conduit souvent aux dernières limites de la faiblesse, que des soins pressants et affectueux l'avertissent de son état meilleur et l'aident à raisonner les sensations encore vagues par lesquelles s'annoncent la convalescence.

Eh bien, ces soins délicats, ces précautions, qui, pour certaines gens, mal informés, ou intentionnellement mal pensants, ne peuvent se rencontrer qu'au coin d'un foyer familial, ces soins-là, l'hôpital les donne; ces précautions, l'hôpital sait les prendre. Et c'est même un spectacle touchant que celui de la sollicitude dont tout le personnel du service entoure celui que des miracles de science et d'attention ont arraché aux dangers immédiats de sa maladie.

Malgré le grand nombre des alités, malgré l'impersonnalité civile qui semble envelopper le malade, dont le nom propre disparaît derrière un chiffre — celui de son lit, — et une qualification — celle de sa salle, — malgré le renouvellement continu des hôtes de l'hôpital, qui sont jetés là comme les épaves de l'éternelle marée de la vie; malgré toutes ces raisons capables d'émousser le sentiment et d'affadir la pitié, les convalescents trouvent près d'eux la part de douceurs et d'encouragements que réclame leur état. L'Assistance publique fait mieux même. Lorsque les convalescents sont assez remis pour supporter un déplacement, la direction, sur l'avis des médecins, leur accorde une quinzaine, un mois de séjour à la campagne, dans un des asiles qui relèvent de la direction de l'Assistance publique au ministère de l'Intérieur.

Et ce sera, pour ces échappés, pour ces blessés de la vie, un temps de joie saine, un temps de calme sénérité, dans une villégiature, où nul souci ne doit les atteindre.

Aussi faut-il voir ces privilégiés au jour fixé pour le départ.

Ils ont quitté leur lit, leur salle, leurs compagnons de souffrance, et tous ceux, qui, dans la mesure de leur attribution ont contribué à les

remettre sur pied ; ils les ont quitté, heureux,
et sentent cependant un serrement de cœur, à
l'instant de dire adieu à tant de dévouement,
à tant de cordialité.

Puis, avec leur petit paquet, ils s'en vont
porter leurs pancartes à l'administration, et retirer une autre feuille, la feuille d'admission à
l'asile du Vésinet ou d'ailleurs. Et ils attendent.

Mais voici le grand omnibus de l'asile qui
entre, trainé par ses trois forts chevaux,
attelés en poste. Et les convalescents montent, et les chevaux repartent, faisant sonner
gaiement les grelots qui leur pendent au col,
et la porte se referme sur ces réchappés, qui
oublieront peut-être la cité de misère, quand
ils auront été entraînés de nouveau par le tour-
billon de la vie, mais qui pour l'instant la
voient disparaître au détour de la rue, et voudraient la revoir encore longtemps des yeux,
comme on suit des yeux un ami dévoué, dont
on a regret de se séparer.

Allez ! ô les ressuscités ! Allez boire la santé
à pleins poumons ; allez redevenir vaillants

pour la lutte quotidienne. Allez vous enivrer des senteurs de la plaine, des senteurs de la ferme où le fumier met des moiteurs; allez vous reposer, allez renaître!

Allez, vous, les oubliés : on pense à vous et on vous aime! Allez! vous les déshérités, vous, les indigents : toute cette richesse vous appartient. Votre nom est : l'humanité; la charité veut de vous pour ses hôtes.

CHAPITRE XI·

Viatique.

Malheureusement, tous les hôtes de l'hôpital ne sont pas appelés à être des convalescents. Il en est que l'âge, les privations, le vice ont ravagés, et dont l'organisme est irrémissiblement atteint : ceux-là ne se relèveront pas. « On meurt beaucoup à l'hôpital Saint-Louis, » s'écriait douloureusement, pendant un sermon, l'aumônier de la cité de misère. Peut-être le pieux abbé exagérait-il son pessimisme, en vue d'inspirer à ses ouailles un désir plus pressant de purification. Mourir beaucoup; n'est-ce pas là une constatation que l'on peut faire partout,

dans les limites de l'hôpital comme au dehors ?
Mourir toujours, n'est-ce pas le texte même de
la loi humaine ? Et je ne sais, si, pour ceux qui
vont partir, l'heure finale n'est pas moins triste
à l'hôpital Saint-Louis qu'elle ne le serait dans
un foyer misérable, parmi l'écrasante douleur
de ceux qui pleurent ce suprème abandon, ou
l'indifférence des gens pressés de voir se produire cet abandon.

Car, il faut bien l'avouer, si l'affection res-
serre encore les membres d'une même famille
et les tient unis en un même faisceau, il est des
cas où la misère et la pauvreté ont enveloppé
cette affection d'un voile d'amertume ; le malade
devient alors une charge pour ceux-là même
qui ont le devoir intime de l'aimer, et sa mort
est un débarras.

A l'hôpital, il n'en va pas de même : ceux
qui sont isolés par l'origine, par le sang, sont
rapprochés par la souffrance ; et s'ils y semblent retirés par avance du commun de la vie,
ils y trouvent cependant leur tribut de pitié et
leur part de regrets. Pour recevoir leur der-

nière confidence, leur dernier acte de foi, ce n'est pas un prêtre, étranger à leur sympathie, qui vient s'asseoir à leur chevet, c'est l'aumônier de la cité de misère, c'est l'hôte sacré de la maison, l'ami, qui pendant les heures d'angoisse, venait leur serrer cordialement la main, et les encourager à la résignation.

Quand le moment du recueillement est arrivé, ce moment où l'homme sent qu'il doit faire un retour sur son passé, qu'il doit feuilleter le livre de sa vie, et poser sur chaque paragraphe, le regard clairvoyant et juste de sa conscience, souvent ce malade réclame les secours de la religion; alors on amène près de lui l'aumônier. Une religieuse l'accompagne, portant les ornements du dernier sacrement.

Et le malade se recueille; il parle, il se rappelle, il s'accuse, il avoue, il se justifie; on l'écoute, on l'absout. Le prêtre procède aux purifications mystiques; il pose aux lèvres de l'agonisant, l'expression symbolique de la rédemption; il récite les versets sacrés, et se retire.

Il traverse les cours pour rentrer à la chapelle; la religieuse le précède, émue au spectacle qu'elle vient de voir pour la millième fois peut-être; et quand passe le silencieux cortège, chacun se découvre; on reste silencieux, on tourne sa pensée vers celui qui va mourir. Encore un pour qui va se déchirer le mystère de l'au-delà, obstinément fermé aux vivants.

Quant au moribond, qui vient de recevoir le viatique, il sent un apaisement de tout son être; il n'a plus de préoccupations de conscience; il s'est placé en face de lui-même, et il se regarde pour ainsi dire disparaître; tout s'efface autour de lui; il attend le dernier battement de son cœur; il voudrait surpendre la dernière palpitation de sa vie; mais au milieu d'une pensée, à l'instant d'une distraction, le doigt glacé du destin s'appuiera sur sa bouche, et il ne pensera plus, il n'aura rien vu; c'est fini... fini... fini!

Ah! qu'importe ce que disent les athées; qu'importe ce que prétendent les matérialistes; qu'importe ce qu'affirment dans leur fanatisme

11.

aveugle, ceux qui acceptent des religions humaines, — elles le sont toutes, — les superstitions les plus inconciliables avec ce qui doit être ! La philosophie et la raison nous commandent de croire !

Croire, c'est sentir au-dessus de soi, au-dessus des êtres et des choses, une immensité puissante dont nous ne sommes que les accidents naturels ; une force invisible et infinie, dont la vie est un des moyens, dont l'homme est un rouage.

Croire, c'est porter en soi, dans les limites d'un cerveau matériellement borné, l'intelligence du temps et de l'espace qui, eux, n'ont pas de limites ! Croire, c'est se préparer, à l'heure de la chute finale, la consolation d'une résurrection en plein inconnu ; c'est se sentir capable de s'élever, à l'heure où l'on parle des profondeurs du néant.

Croire, c'est se souvenir et c'est rêver ; c'est vivre éternellement, par de là les déchéances charnelles !

Croire, c'est porter en son âme la genèse du

bien; c'est posséder le concept invariable du beau!

Un poète, Eugène Manuel, l'a dit :

> Si vous voulez chanter, il faut croire d'abord,
> Croire un Dieu qui créa le monde et l'harmonie;
> Qui, d'un de ses rayons, allume le génie,
> Et se révèle à lui dans le plus humble accord;
> Si vous voulez chanter, il faut croire d'abord.
>
> Si vous voulez combattre, il faut croire d'abord;
> Il faut que le lutteur affirme la justice;
> Il faut pour le devoir qu'il s'offre en sacrifice,
> Et qu'il soit le plus pur, s'il n'est pas le plus fort,
> Si vous voulez combattre, il faut croire d'abord.
>
> Si vous voulez aimer, il faut croire d'abord;
> Croire à l'âme immortelle, aux amours infinies,
> Pour la terre et le ciel également bénies;
> Croire au serment sacré qui survit à la mort;
> Si vous voulez aimer, il faut croire d'abord!

Oui, croire! croire quand même! croire toujours!

Et qu'on ne vienne pas nous dire que la foi n'est qu'un mensonge, et que les manifestations de cette foi ne sont que des momeries dignes d'un guignol.

A cette minute solennelle, où le principe
vital s'échappe de la loque terrestre, quel est
l'homme qui songerait encore à ce dernier recueillement, s'il n'était qu'une vaine momerie?
Pour tous ceux qui ont mûri leur pensée, il n'est
pas de culte mauvais ; la foi, pour s'affirmer,
peut affecter toutes les formes, peut se donner
à tous les symboles, et parmi les gens qui se
disent athées, je ne puis voir que des impuissants qui se défendent de croire, ou qui ont peur
de croire.

Mais qu'on laisse à l'hôpital la conscience
libre d'appeler qui elle veut quand sonne le
glas de l'agonie. De quel droit des imbéciles
refuseraient-ils cette consolation à ceux qui
veulent être consolés, cette suprême espérance
à ceux qui veulent espérer !

Non! non! le viatique peut n'être qu'une imagination! mais c'est une imagination sacrée, à
laquelle nul n'a le droit d'opposer l'ironie, ni
de manquer de respect.

CHAPITRE XII

La ronde de nuit.

Nous sommes loin de la *Ronde de nuit*, l'un des chefs-d'œuvre de Rembrandt; de cette ronde de nuit, qui n'en est pas une, et où, dans le luxe des costumes et le fouillis des attitudes, le peintre s'est acquitté de la tâche qui lui était imposée de portraiturer les arquebusiers de la compagnie du capitaine Fr. Banning Cock.

La ronde de nuit dont il s'agit ici, pour n'avoir pas tenté le pinceau d'un artiste, n'en est pas moins sérieuse. Elle emprunte même à l'heure où elle est faite, et à l'endroit où elle évolue quelque chose d'impressionnant et de macabre. Il existe des miniatures exécutées au XVe siècle, sur l'Hôtel-Dieu de Paris. Dans ces miniatures, le mysticisme a une grande part d'inspiration, et l'on ne peut se défendre, en les regardant, d'un sentiment de crainte vaguement définie.

Ce même sentiment, on l'éprouve en voyant passer notre ronde de nuit : peut-être la cause en vient-elle de ce que le costume religieux n'ayant pas été modifié depuis des siècles, son apparition dans le cadre de l'hôpital peut servir à une évocation d'un âge lointain.

Il est une heure du matin : nuit sombre ; au ciel pourtant, derrière le floconnement heurté et rapide des nuages apparait le dessin ponctué et scintillant des constellations. Les murailles de l'hôpital où les fenêtres creusent de longues lézardes noires semblent les murailles d'une imprenable et morne forteresse. Par instants un courant d'air passe au sommet des grands arbres, et les secoue avec un bruit de soies que des mains ennuyées chiffonneraient. Puis, plus rien. Au dehors, par delà les limites de l'établissement, le brouhaha lointain de la ville, dont la rumeur va en *decrescendo*.

Cependant, le long des cours, voici deux ombres qui marchent : nul bruit de pas ne les révèle, mais un falot, dont on voit trembler la lueur, allonge sur le sol, sur les plates-bandes, sur les arbres, sur les murs, de gigantesques figures, au passage desquelles on est pris de peur et du désir de se cacher. C'est la ronde de nuit : une infirmière tient le falot ; une religieuse, la mère de service, porte les clefs.

Et la ronde marche, marche, fouillant les coins, effarouchant par son approche les chats qui s'appellent et prennent le frais, s'arrêtant juste le temps de faire jouer les serrures, et se poursuivant partout, partout. Oui, partout : car il n'y a pas que les cours qui soient visitées.

Oh ! la ronde des salles, la nuit ! Quel spectacle, et comme l'on demeure effrayé de toutes les formes que peut prendre la douleur, avant de s'appeler la mort !

A cette heure, dans cette ombre, le malade n'est plus en représentation. Il n'a plus la galerie qui lui permet par amour-propre d'exagérer son mal et d'attirer ainsi plus grande pitié ; il n'a plus la galerie qui le distrait et lui permet aussi d'oublier son mal. Il est livré à lui-même, à lui seul ; l'esprit s'envole : il ne reste plus que la bête, la bête lassée, énervée, torturée.

Du plafond des salles, de distance en distance, pendent des veilleuses : un verre étroit dans une lourde suspension de fer. Les rideaux des lits sont tirés ; le veilleur dans son fauteuil, somnole, alourdi par l'atmosphère qu'il respire, mais prêt à répondre au premier appel ; pendant la saison froide, il entretient le feu du calorifère, mettant le charbon, tisonnant, secouant le cendrier, au grand désappointement parfois de ceux qui s'efforcent de dormir. Dès le soir on a imposé le silence, et à mesure que la nuit s'avance ce silence devient plus bruyant de soupirs et de râles.

Quand la ronde passe, glissant sur le plancher, sans bruit, faisant papillonner autour des deux femmes une pâle tache mobile de lumière, il y a des yeux qui regardent, sans pensée, sans réflexion, avec une terreur muette ; il y a aussi des yeux éteints, vitreux, qui ne savent plus regarder ! Ceux-là, le soir du jour les a surpris pour la dernière fois : tout à l'heure, les brancardiers, prévenus, viendront les enlever, sans qu'ils aient eutendu une voix leur jeter le suprême adieu de l'amitié et de l'humanité.

D'ailleurs, rien de plus saisissant que ce qu'un observateur, faisant cette ronde, découvre en sa curiosité. Chaque service présente ses phénomènes. Ici, ce sont des respirations d'enfants, calmes, régulières ; par instant un rêve chante ou pleure en ces petites têtes, et il y a des rires ou des larmes, parfois un appel vif, répété ; mais cela n'est que passager. Là, ce sont des femmes qui seront mères dans quelques jours, et qui, sous l'effort d'une crampe, ont le cauchemar bruyant et douloureux de la parturition prochaine. Dans cette salle, où s'achèvent les chroniques et les incurables, ce sont des gémissements dolents, des râles lar-

moyants, des étouffements, la marche acciden-
tée de la vie au bord de ce précipice : la mort ;
chaque minute vous fait craindre une chute, et
les minutes se succèdent dans cette insupportable appréhension, jusqu'à celle qui a son grain
marqué au sablier du destin. Puis ce sont les opérés, qui, dévorés par le feu de la fièvre, se débattent en des gestes furieux contre un ennemi
invisible qui assiège leur rêve : heureusement
le veilleur est là, et l'interne aussitôt appelé,
replace l'appareil arraché pendant la crise. Puis
plus loin, dans les salles de ceux que les dermatoses exilent de la société, le sommeil a enlevé le souvenir des hideurs faciales et des repoussantes mutilations ; et, la chaleur du lit
aidant, la sève fermente, et au milieu des soupirs et des sourires caressants, parmi de vaines
étreintes et de stériles voluptés, ce sont des
spasmes, de longs spasmes, auxquels succèdent les instants calmes et désenchántés d'un
bestial assoupissement.

Et partout, gestes des bras et des jambes,
surprises effarées des yeux qui se rouvrent,

12.

efforts exténués des yeux qui ne peuvent se fermer ; épuisantes insomnies que nul remède ne peut combattre, et sommeils lourds parfois plus épuisants que les insomnies ; souffrances qui font crier au milieu des rêves, et rêves qui deviennent des souffrances ; tortures de tous les organes, angoisses de toutes les âmes, impatience de tous les instants, partout, dans cette ronde, le spectacle qui borde le chemin parcouru, a quelque chose d'infernal ; et dans l'air surchauffé par toutes les haleines, la senteur des remèdes et des pansements flotte, bienfaisante, mais nauséabonde, au-dessus d'autres senteurs, celles-là échappées des purulences et des infections.

Quand on achève cette ronde, et que, faute d'habitude, on a vécu, à mesure qu'elles se présentaient, toutes les douleurs rencontrées ; quand on se trouve à l'air libre, l'air qui vous emplit les poumons de sa fraîcheur, on se sent les tempes serrées ; le cauchemar de l'enfer entrevu vous martelle le cerveau à coups redoublés ; on marche à pas rapides, ayant encore la sensation d'entendre à droite et à gauche les soupirs et les gémissements. Malgré le ciel sereinement étoilé, malgré le calme que nul bruit ne trouble, on voit devant soi une interminable haie de lits aux rideaux blancs, dont les sommiers grincent sous de brusques et dolentes secousses, et l'on voudrait fuir, et l'on ne peut pas fuir, parce que l'atroce vision vous poursuit quand même, et toujours, toujours !

Pourtant, la religieuse, après avoir achevé sa ronde, la religieuse, accoutumée à ce spectacle, inscrira sur le registre cette simple observation :

« Rien à signaler. »

Rien à signaler ! C'est donc là l'ordinaire de la vie ! Et la sainte fille rentrant en sa cellule, s'agenouillera près de son lit, et avec une ferveur que seules connaissent les âmes pures, remerciera le Dieu de toutes les bontés et de toutes les justices !

Et c'est elle, sans doute, qui a raison ! Nous autres, les sensitifs, nous ne sommes que les hochets de nos nerfs et de nos imaginations. Et quelquefois pourtant, nos hallucinations doivent payer leur tribut à la vérité. On m'a conté ce drame :

Un homme était couché, rongé par une lèpre, en proie à toute l'intensité de la fièvre. Au milieu d'une nuit de torture, il vit passer devant son lit, par les rideaux écartés, le brancard sur lequel on emportait son voisin, trouvé mort par la ronde.

Au passage du cortège silencieux et sombre, il eut l'idée délirante que c'était lui qu'on emportait, qu'il n'était plus, qu'il avait payé sa dette à la terre, et on l'entendit s'écrier avec un rire dément :

« Eh bien! oui! c'est moi qui l'ai tuée! moi, et on ne le sait pas! et on ne le saura jamais! Oui, je l'ai tuée! Là, avec mes deux mains autour du cou : pendant qu'elle dormait!... Mes deux mains... Oh! les doigts rouges, rouges... et les traces violettes... Oui! je l'ai tuée... Du sang sur sa bouche... sa bouche qui me repoussait... J'étais trop laid... j'étais hideux!... Oh!

cette lèpre !... Ah ! tu me trouvais laid !... Mais je l'aimais !... Comme je l'aimais !... Alors, je l'ai tuée... là ! avec mes deux mains... autour du cou !... Et puis, plus rien... près d'elle... froide !... Et c'est fini, maintenant... Et personne ! personne... Je vais la voir... Comme je l'aimais !... »

Le malheureux avait voulu se lever ; le veilleur, puis l'interne de garde l'avaient maintenu ; autour de son lit, dans la salle, les autres malades effrayés, écoutaient cette confession hachée de sanglots, de hoquets et de cris sarcastiques.

Le matin, le calme était revenu : le malade ne se souvenait plus de rien ; on prêta son hallucination au souvenir de quelque roman lu dans la journée, et l'on n'en parla plus.

Pourtant, il y a peut-être encore dans le cabinet d'un juge d'instruction, un dossier classé, où il est question d'une jeune femme mystérieusement étranglée, dont l'assassin est demeuré inconnu !

Mais, détournons de nos yeux ces cauchemars obsédants, et ne voyons plus que les sommeils calmes, les sommeils des santés qui renaissent et des consciences tranquilles. La mère avait raison :

« Rien à signaler ! »

CHAPITRE XIII

Le charnier et son gardien.

Quand on sort de la chapelle on aperçoit
deux constructions : l'une à gauche, est une
ancienne usine à gaz, — la première qui ait
été installée à Paris ; — l'autre est l'amphithéâtre.

L'ancienne usine est désaffectée : les fosses
à goudron ont été comblées, et sur le sol,
grossièrement battu, on a établi un magasin ;
mais un magasin spécial ; c'est là qu'on
garde les cercueils. Le hall est assez grand.
Contre le mur, les planches sont appuyées debout : dans le fond, des bières toutes prêtes

attendent : au premier plan, on remarque les deux *boîtes à chocolat,* de l'hôpital : ce sont des civières fermées, et peintes de couleurs sombres, comme il convient à l'usage qui leur est réservé. C'est en effet, avec ces civières closes, que les brancardiers vont chercher dans les salles les malades décédés. On évite ainsi un spectacle douloureux aux autres alités.

La vue de cet atelier funèbre contient en soi sa philosophie. Ces coffres de toutes grandeurs, alignés et vides, nous ramènent à la réalité. Ici pas de rêves possibles, pas d'imaginations qui fassent germer en l'esprit ces innocentes tromperies, où l'homme se plaît à s'oublier lui-même. Ces bières sont l'avertissement du retour éternel au néant ; elles ne sont pas la menace : elles sont la loi commune.

Et qui sait, si ces planches ne sont pas plus savantes que nous ! Dans la nuit sourde de la tombe, elles assistent à la déchéance de la matière ; elles écoutent le grincement des parasites germés sur les organes éteints ; elles entendent les derniers efforts de notre chose contre l'assaut de vie obscure qui la ronge : et le mystère qu'elles découvrent, quelle connaissance en avons-nous, sinon des effets dont nous n'expliquons les causes que par des hypothèses.

Ces causes, on les cherche pourtant dans la construction de droite, dans l'amphithéâtre. Voulez-vous y pénétrer ? Un écriteau vous avertit de sonner le gardien. Vous sonnez, le gardien se présente : vous êtes introduit. L'acide phénique vous imprègne de ses senteurs tenaces.

Le pavillon est divisé en trois pièces ; le fond est complètement mûré : l'autre côté est éclairé par des fenêtres à carreaux étroits, devant lesquels tombent des rideaux ; près de la toiture une partie reste constamment ouverte, avec des volets de persiennes, afin que l'air puisse circuler librement.

Involontairement, vous passez de suite dans la seconde pièce. Là, sur des pieds fixés au sol, des tables de cuivre, à surface légèrement convexe, aux bords creusés en rigole ; ce sont les tables de dissection. Sur des tablettes, les trousses de scalpels ; sur des planches, des bocaux, des bouteilles d'acide, des linges, tout ce qu'il faut pour une autopsie.

C'est là qu'on interroge la mort pour surprendre les mille secrets de la vie ; et la mort est avare de réponses ! Pourtant à force de fouiller, à force de fixer son attention, à force de patience, à force de se courber sur toutes les corruptions, sur toutes les pourritures, la science parfois leur arrache une vérité... ou ce qu'elle croit être une vérité. Et sur cette vérité, — combien chancelante ! — on établira un principe, on basera un système.

Il faut applaudir la science ; il faut aussi la craindre parfois !

Nous voici dans la troisième pièce : ici, l'on se découvre. A droite et à gauche sont alignées les tables de plomb : des rideaux blancs qui laissent un passage libre au milieu de la salle, marquent l'alignement. Sur les tables, on a placé les cadavres, enveloppés d'un suaire, qu'ils semblent retenir fermé de leurs mains jointes ;

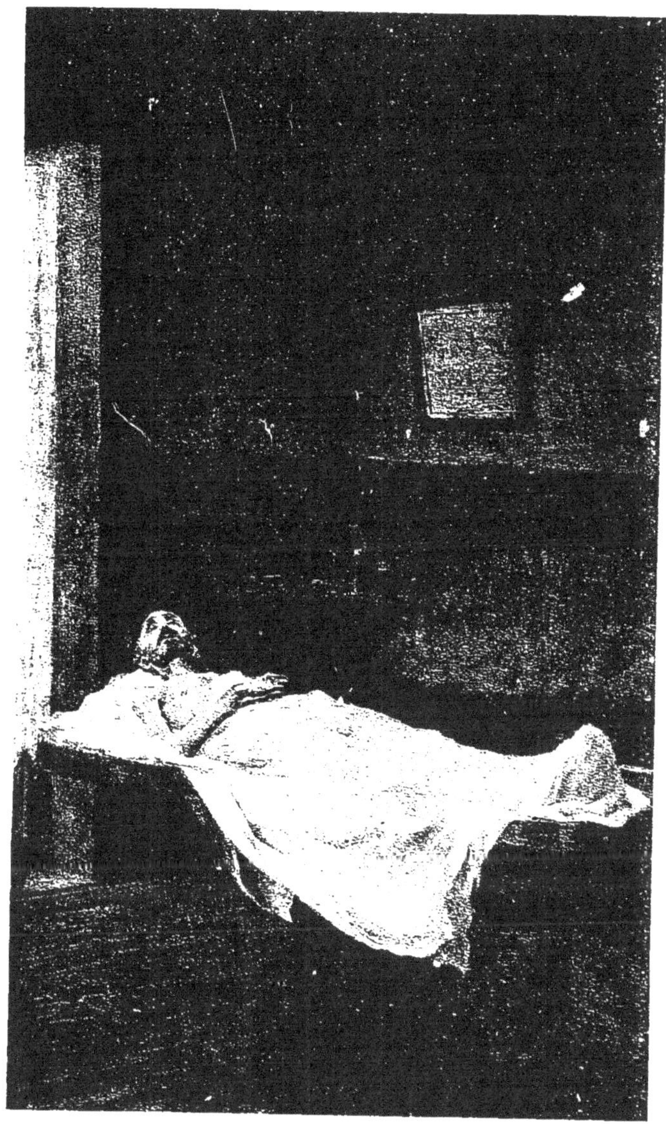

43.

une pancarte indique les noms, prénoms, salle,
lit, et maladie du décédé.

C'est là qu'attendent les corps avant de partir pour l'école de Clamart, ou avant d'être ré-
clamés.

Oh! ces reconnaissances à l'amphithéâtre!
Les parents sont là, debout, muets : on a découvert le visage, et on l'a voilé de nouveau ;
la formalité est remplie, et pourtant les récla-
mants ne semblent pas vouloir se retirer encore, et l'on n'ose pas leur dire de sortir ; ils
voudraient parler et ne trouvent pas les mots
pour le faire ; ils restent immobiles, glacés et
fiévreux. Qui sait si des remords ne s'agitent pas
au fond de leur conscience, si les regrets pour
celui qui s'en est allé dans l'indifférence de
l'hôpital, ne s'accompagnent pas d'un sentiment
de reproche par ceux qui sont là et qui restent?
Puis, on pleure, et la détente des larmes indique
que la station a assez duré devant le suaire,
cette blancheur où tout le passé s'efface, où
s'arrête le présent.

Et les parents ont franchi les trois pièces ;

mais à la porte de la première, ils sont obligés de se garer ; la sonnette a retenti : le gardien se présente ; c'est un nouveau pensionnaire qui vient lui demander asile.

Quand le cadavre a reçu sa place, le gardien inscrit sur son livre d'entrée l'état civil du nouveau venu. Vivant, celui-ci était prisonnier de sa misère. Il s'est éteint, le voilà prisonnier de la mort ; c'est comme son écrou que le gardien vient de signer.

Et ainsi tous les jours, depuis des années et des années.

Et pendant des années et des années, des hommes se rencontrent qui acceptent d'être gardiens.

Des blasés ? des cœurs de pierre ? des désespérés ?

Nullement. Des philosophes.

Parfois, ces hommes, échoués à tous les ports de la vie sociale, demandent ce poste par une ironie de découragement, et en remplissent les fonctions avec ironie également. Pour lutter contre les émotions qui les guetteraient devant

les lits de plomb, ils demandent à la boisson la
vue trouble au travers de laquelle tout s'égaie
et s'abêtit : et ce sont souvent d'incorrigibles
ivrognes.

Dans notre *Cité de misère*, il n'en va pas
ainsi ; le gardien est un philosophe simplement,
et un cœur fort ; il a le respect des tristesses
qui palpitent autour de lui, sans en ressentir
les craintes ; et il a conservé sa sobriété pro-
verbiale, en dépit des vieilles traditions du
métier. Il n'a peut-être plus les émotions du
début, mais il vit dans une habitude d'émotion ;
il a accepté sagement la mesure de fatalité qui
pèse sur les hommes, et lui, pour qui le livre de
l'existence terrestre est ouvert obstinément au
dernier chapitre, il n'y voit plus que le commencement d'une nouvelle et mystérieuse évolution.

Balzac a écrit une page maîtresse sur le gardien de cimetière ; il le montre triomphant et
dur, presque tyrannique pour tous les vaincus
endormis dans le silence des tombes, et facile
aux attendrissements et aux larmes, quand il

assiste, dans un théâtre des boulevards, à quelque gros drame, où la convention s'exagère au détriment de la vraisemblance. Le mensonge des deuils le touche ; leur réalité le trouve impassible et froid.

Notre gardien d'amphithéâtre a le cœur plus haut placé ; il n'endosse pas avec une livrée une rudesse imbécile. Je ne dirai pas qu'il occupe ses journées à la méditation et au recueillement. Mais le commerce de la mort a enveloppé son âme d'un voile de dolente sérénité ; et quand il entend dire de la vie qu'elle est un voyage, il pense, à part lui, qu'elle n'est qu'une attente !

CHAPITRE XIV

Toute ville qui se respecte aujourd'hui a son musée. Notre *Cité de misère* a le sien, et ce musée est bien le plus curieux et le plus effroyable qui soit.

Il ne s'agit plus de ces exhibitions soi-disant scientifiques, que l'on rencontre dans les fêtes foraines, et où l'entrée, pour attirer plus de monde, est, annonce-t-on, refusée aux personnes âgées de moins de quinze ans. C'est pourquoi, sous l'œil paternel de la police, on y coudoie des bambins de moins de dix ans et des jeunes filles. Je dis qu'on s'y coudoie, je pourrais écrire qu'on s'y presse, car les écriteaux de la porte promettent un spectacle malsain , et croyez bien que, devant ces pièces anatomiques, c'est la satisfaction d'appétits inavouables que cherche ce public nombreux. Au lieu d'inspirer le dégoût, ces choses éveillent des curiosités corrompues dans leur germe, et la vulgarisation scientifique qu'on prétend faire dans les établissements de ce genre est plus que nulle : elle est nuisible ; elle est l'excuse du commerçant peu délicat qui l'exploite ; elle est l'excuse des excitations malpropres qui s'y donnent rendez-vous ; elle est l'excuse, excuse insuffisante s'entend, du scandale qu'elle offre à la rue. Mais revenons au musée de l'hôpital Saint-Louis.

Là, point d'excitation possible, mais point non plus de dégoût ; dans les vitrines, en ordre méthodique, les moulages sont rangés ; point de corps entiers, des parties ; point de noms, des faits ; des cas particuliers et des cas généraux ; toute la variété de maux que peut faire germer sur la loque humaine l'erreur de la vie ou la malignité du vice ; toute l'armée des dermatoses, dans leur représentation exacte, dans leur crudité exceptionnelle, dans leur effroyable réalisme ; le laid, le douloureux, le monstrueux ! Mais à côté aussi on a placé les mêmes exemples, après traitement ; c'est l'effort intelligent de la science, c'est souvent sa revanche et son triomphe !

Et ces débris humains figurés, collectionnés à l'hôpital même, sont comme des souvenirs où revivent de traîtresses infections, de savantes querelles et de beaux dévouements. C'est là que la jeune école des docteurs du lendemain vient se former. Le livre à la main, l'étudiant, arrêté devant une pièce, contrôle par un examen attentif chacune des idiosyncrasies du mal, relevées par le dermatologue ; et c'est un silence laborieux qui règne dans cette galerie. Pourtant les étudiants ne sont pas les seuls visiteurs de ce musée : tous les jours l'administration de l'hôpital est sollicitée d'accorder des permis de visite aux malades eux-mêmes.

Il y a là un fait assez singulier. Des gens qui, en état normal de santé, ne pouraient supporter, d'aplomb, la vue de toutes ces horreurs, s'en

vont, calmes, contempler là, sur les modèles, les
ravages de la maladie dont ils sont eux-mêmes
atteints ; et ils n'ont ni un mouvement de répul-
sion, ni un sentiment de peur. Il y a des maux
pourtant dont la guérison ne s'obtient qu'après
d'atroces mutilations, des maux dont les cica-
trices couturent la face de hideurs innomées !
Qu'importe, ces malades prennent à cette con-
templation un intérêt qui s'accentue à mesure
que le mal devient lui-même plus terrible.

Parfois même, plusieurs malades vont à cette
visite ensemble, et avec des curiosités qu'on a
peine à définir, se font mutuellement les hon-
neurs de *leur* affection. Chacun prend la parole,
très bas, pour ne pas déranger les étudiants au
travail — devant la vitrine où sont disposés *ses*
modèles.

Et ce sont de minuscules conférences, semées
d'aperçus peu scientifiques, où la technologie
reçoit souvent de forts accrocs, où les mots mal
entendus et mal lus deviennent les expressions
les plus inconsciemment bouffonnes : les furoncles amenés par le microbe *staphylococcus pyo-*

genes aureus s'appellent alors *furoncles cacatoès;* les affections *papuleuses* se traduisent par affections *crapuleuses;* l'*hyperidrose,* maladie des glandes sudoripares, par *hiver-de-rose;* il s'invente ainsi bien d'autres choses du même goût. où la langue grecque ne peut plus retrouver ses racines et qui seraient fort gaies , si l'endroit où elles fleurissent n'était pas profondément triste.

Or, ces visiteurs intéressés et amateurs se font remarquer par la complaisance avec laquelle ils s'attardent devant leur vitrine. Il semble qu'ils y voient. je n'oserais pas dire un motif d'orgueil, mais comme un témoin de la gravité de leurs maux et un confident avec lequel ils peuvent venir échanger leurs impressions.

J'ai vu un jour un malade très froissé parce que la dermatose pour laquelle il était en traitement n'était pas représentée au musée.

Mais, laissons les étudiants et les malades passer en revue les collections, et montons à l'atelier où se font tous ces moulages.

Une petite porte ouvre sur un escalier de bois, et cet escalier de bois conduit aux combles du bâtiment. Nous montons.

Les cloisons sont tapissées de moules et d'empreintes en plâtre; sur ces moules, accumulés depuis vingt ans, la poussière a posé des ombres où s'accusent les reliefs, et le jour terne qui tombe en biais du toit vitré, donne à ces couloirs une harmonie des plus macabres; on s'y croirait dans les greniers de quelque Enfer éternel où les damnés, ayant éprouvé toutes les tortures, auraient été relégués en attendant l'ensablement du néant.

Ce ne sont, en effet, que visages aux rictus effrayants, aux grimaces boursouflées et pustulantes; que mains aux articulations rongées par les infections; que pieds aux torsions douloureuses; qu'organes où le sens de la vie s'est atrophié dans le châtiment ironique des anomalies vicieuses, dans l'avidité jamais apaisée de la mort. Et partout, aux cloisons, aux solives, aux arêtes de la charpente, c'est la tourmente désespérée, ce sont les géhennes humaines qui

14.

semblent grincer des dents éternellement, par
de là le spasme final, où tous les cris se taisent,
où toutes les cuissons s'éteignent. Oui, c'est
l'Enfer, l'Enfer immonde et superbe, comme l'a
conçu Dante en son immortelle épopée.

Une dernière porte s'ouvre devant nous, et
nous voici dans l'atelier. Ici, l'on rentre dans
la vie, et ce coin égaré de la *Cité de misère* est
bien le coin le plus pittoresque et le plus artiste
qui se puisse rêver. Des fenêtres assez larges
versent la lumière à pleines vitres ; aux murs
sont accrochés des bouts de croquis peints à
l'huile, des caricatures, et de claires études de
paysages, d'après les quais de Paris et les sites
de la banlieue, études enlevées d'un pinceau
alerte, par une après-midi de soleil ; sur des
consoles, des bustes et des statuelles de terre
cuite ; et tout chargé de bibelots, un piano.
N'étaient quelques photographies de monstrueux
fœtus, et les deux établis installés devant les
fenêtres, on se croirait à cent lieues d'un atelier d'hôpital.

C'est, il faut le dire, que celui qui y travaille est un artiste, dans toute l'acception du mot. M. Barretta (pourquoi ne pas le nommer), le mouleur officiel de l'Assistance publique, procède en effet du peintre et du sculpteur, en même temps que du chimiste, puisque c'est lui qui a inventé la matière imputrescible dont il se sert pour exécuter des pièces anatomiques d'une perfection qui défie toute concurrence.

Revêtu d'un tablier à bavette, comme les internes, un bout de ruban rouge à la boutonnière — car il a été fait chevalier de la Légion d'honneur, en récompense des services par lui rendus, — M. Barretta passe dans cet atelier une grande partie de ses journées. S'il est seul, il travaille aux pièces commencées ; la besogne ne chôme jamais à son atelier, et ce n'est pas une petite affaire que de trouver les couleurs exactes de tout ce qu'il lui faut reproduire, couleurs qu'il développe parfois au feu, selon ses procédés à lui, et qu'il applique dans ses moules avec un art si délicat, qu'on croirait véritablement voir du

sang, des muscles, des ulcères sous la diapha-
néité de la peau.

Si on lui amène un malade, c'est un autre
genre d'opération, et là encore, avec son entrain
et sa bonhomie, M. Barretta est un précieux
collaborateur de la science. Sans brutalité, avec
des douceurs de mère, et une patience qui ne se
dément pas, il applique ses appareils, et pendant que la matière prend, il cause avec le malade, s'intéresse à son affection, se fait raconter
ses évolutions, gagne, sans la chercher, sa
confiance, tant il inspire de sympathie. Le malade aime-t-il mieux se taire, comme il faut un
certain temps pour que l'appareil se durcisse, et
que la vue d'une pièce, en préparation, n'a rien
de réjouissant, M. Barretta lui montre ses ta-
bleaux, — car toutes les études accrochées là
sont de lui ; puis il se met au piano, et le voilà
qui berce son client avec quelque vieille mélo-
die, qui chante dans son souvenir et sous ses
doigts.

Et le malade, qui pour une heure se trouve
sorti de son lit de douleur, loin de la salle aux

senteurs enveloppantes, loin du spectacle des autres tortures voisines, le malade se prend à faire ce rêve qu'il est rentré dans la vie, que tout est gai, que tout sourit autour de lui, que cet artiste, qui s'occupe de le distraire, est un ami envoyé là, providentiel, pour rouvrir son âme à l'espoir, l'espoir ensoleillé des santés robustes! Et il bénit tout bas ce petit atelier jeté là, dans la cité de misère, par un caprice hospitalier, pour laisser aux pauvres malades qui le visitent le souvenir d'une heure charmante, d'une heure très courte de repos, dans la longue succession des heures lentes.

Après la séance, si le temps est beau, et si les pièces en préparation ne sont pas trop nombreuses, M. Barretta boucle sa boite de peinture, et le voilà parti, avec des panneaux tout prêts, à la recherche du site à faire : c'est sa récréation—sa récréation bien méritée. Laissons-le aller à sa fantaisie, et sortons de son atelier. Mais nous devions, n'est-ce pas, ne pas l'oublier dans notre géographie de la cité dolente. Au milieu du désert où pleurent les désespérés, il a installé l'oasis de paix où l'âme se désaltère, où les paupières se sèchent.

Tous les malades, d'ailleurs, ne sont pas admis à l'honneur de fournir leur sujet de moulage. Les cas intéressants qui ne s'élèvent pas jusqu'à l'atelier de M. Barretta, vont faire une station dans l'atelier du photographe. Là, croyez-le, rien d'artistique, rien des boudoirs tièdes et luxueux des linographes et platinographes d'aujourd'hui. Une cage de verre exhaussée d'un étage, afin d'éviter les regards indiscrets, est montée sur des pilotis, comme sur des échasses, au milieu d'un jardin maraîcher. A l'une des extrémités, une étroite chambre noire. Dans l'atelier de pose, quelques chaises, et les appareils à objectifs articulés; et c'est tout.

Je demandais un jour à un malade ce qu'on faisait là :

— Pas de la grande besogne, me répondit-il : on n'y travaille pas pour les musées, comme chez M. Barretta. Ce n'est vraiment pas la peine d'aller s'y montrer. »

Soyons moins sévères que ce malade, qui avait d'ailleurs son numéro aux vitrines du musée; l'atelier de photographie a une très sérieuse utilité : les auteurs et éditeurs de traités de dermatologie en savent quelque chose.

CHAPITRE XV

La guerre au Favus. — Une école modèle.

Il me souvient qu'à l'époque de notre enfance, certains de nos camarades avaient subitement sur la tête des places blanches dépourvues de cheveux; vite nous nous écartions en murmurant avec une sorte d'effroi instinctif et de dégoût : « C'est la teigne! c'est la teigne! » Puis les enfants disparaissaient, et, pendant deux ans, trois ans, on n'entendait plus parler d'eux, et avec l'insouciance commune à notre âge, nous ne nous occupions plus de ce qu'ils étaient devenus.

Et ils étaient retournés dans leurs familles,

perdant, à cause des soins à recevoir pour leur guérison, à cause aussi des tâtonnements d'une thérapeutique encore mal assurée, des années précieuses pour l'intelligence et l'étude. Ce fut pour beaucoup l'avenir brillant compromis par cette affection malencontreuse ; ce fut leur vie hâtivement dirigée dans une voie où, sans cette longue interruption, ils n'eussent jamais voulu entrer. Mais il avait fallu absolument enrayer le progrès du mal et paralyser sa force de contagion, et pour cela, la retraite et l'isolement étaient indispensables.

Le favus alors triomphait, le favus, et cet autre mal qui lui fait concurrence, la trichophytie, appelée d'un nom moins savant, teigne tondante.

Il n'en va pas de même aujourd'hui : grâce aux Bazin, aux Hallopeau, aux Quinquaud, et à d'autres qui sont l'honneur de la médecine française, favus et trichophytie sont rapidement et victorieusement combattus ; grâce enfin à l'excellent docteur Lallier, les enfants ne perdent plus pour leurs études le temps qu'il leur faut consacrer à se laisser soigner. Sur les instances du savant clinicien de l'hôpital Saint-Louis, et avec l'aide d'un directeur ferme et intelligent, on a en effet créé une école, où les petits malades trouvent en même temps l'hygiène du corps et l'hygiène de l'esprit.

Et c'est une école modèle que celle-là, une école qui, dès son début, se trouve trop petite, hélas! et trop petite, heureusement, si on considère que le zèle des malades à y chercher un refuge, atteste de l'excellence de son organisation et de ses résultats.

On a trouvé en effet un personnel dévoué et instruit, pour s'adonner à cette noble tâche : institutrices et infirmières se partagent là une besogne qui serait ingrate, si tous ces enfants, ingénieusement sauvés, enfants issus de familles pauvres, enfants abandonnés parfois à la charité publique, ne se sentaient pour leurs éducateurs providentiels une reconnaissance débordante et émue !

L'école est divisée en deux : côté des garçons, côté des fillettes, avec, pour chaque section, des préaux de récréation, des salles de classe, des réfectoires, des chambres de pansements et des vestiaires; au milieu, la cuisine; car ces petits ont faim souvent en arrivant à l'école, et ils savent qu'une bonne soupe les attend, toute fumante, dans les assiettes, d'une propreté scrupuleuse.

A mesure qu'ils arrivent, —je parle ici des externes, —les élèves déposent à leur numéros leurs coiffures et leur vêtement de sortie; les vestiaires sont disposés de telle sorte qu'il ne puisse y avoir de confusion, cette confusion en se produisant pouvant servir d'agent néfaste à la prophylaxie.

Puis, ainsi débarrassés, ils passent dans leur salle à manger, non sans qu'on ait vérifié si la figure est lavée, et si les mains sont propres. Sur la table, dans la salle à manger, des fleurs, toujours des fleurs, parce qu'on veut de la gaîté, et que les fleurs écloses parlent de gaîtés et de jeunesse. Après cette première station, fort agréable à tous, on entre en classe.

Mais les cours ne commencent pas de suite :

le docteur et les internes viennent faire leur
visite; on examine, on prescrit; les pansements se font avec soin, grattage, lavage, ra-
clage, épilation, coupe de cheveux très ras, au
ciseau, car on ne se sert pas du rasoir pour découvrir les parties malades, etc. Les pansements
terminés, les têtes sont enveloppées de linges
blancs, sortes de madras, sous lesquels les visages, bien portants ou pâlis par l'anémie ambiante
des faubourgs, ont de singulières expressions.
Et le travail commence.

Comme programmes, ceux des autres écoles
de Paris, avec les concours et les certificats :
c'est donc la vie qui recommence pour tous ces
isolés, la vie intelligente avec ses curiosités de
l'inconnu, son besoin de savoir, et sa féconde
émulation. Et tous ces enfants-là sont vraiment heureux : ils se sentent entourés, soignés,
aimés, et en commun, en union d'esprit et
de travail, ils supportent avec plus de courage, plus de patience surtout, le mal qui les a
surpris.

Écoutez-les, pendant leurs récréations! Ce

sont des jeux où l'activité ne chôme pas ; ce sont des cris où s'ébattent la jeunesse et la santé ; c'est un bruissement bavard et piailleur de volière, qui arrive jusqu'aux autres services de l'hôpital, avec un je ne sais quoi qui console et qui réconforte.

Or, quand leur corps prend ainsi de l'exercice en liberté, quand leur esprit est sollicité de s'éveiller à l'enseignement, comment ces enfants auraient-ils le temps de souffrir. La douleur du traitement s'efface promptement avec la distraction de l'étude et des jeux, et la guérison se ressent de ces bienfaisantes diversions. C'est décidément une belle œuvre, une œuvre forte que cette *école des épilés*, et le docteur Lallier, en apportant toute sa volonté à sa création, a été mieux qu'un habile médecin : il a été un homme de cœur !

L'administration, elle aussi, a bien fait les choses : elle a voulu que son école ait sa distribution de prix, comme les autres écoles ont la leur. Et c'est là un événement dont les petits malades parlent dans leur préau longtemps à

l'avance. Pour ceux qui assistent à cette fête, c'est un spectacle vraiment inoubliable.

L'amphithéâtre de la Faculté, au fond de la grande cour, s'ouvre pour cette solennité, et une humble et rustique coquetterie préside à sa décoration. Tout le long de l'escalier, on a placé des pots de fleurs ; dans la salle, des guirlandes de feuillage et de papiers bariolés règnent autour des murs, dessinant des courbes gracieuses sous les corniches. Aux angles, des drapeaux déploient nos trois couleurs vibrantes, bleu, blanc, rouge, tout ce qui est clair, tout ce qui est beau, tout ce qui est pur !

Sur les gradins sont assis les élèves : à gauche les garçons, à droite les filles ; les aînés sur les gradins supérieurs, les tout petits dans le bas. La table où le clinicien fait ses cours est couverte des prix qu'on va distribuer : des sièges attendent le cortège et les invités.

La porte s'ouvre : le cortège entre ; un long cri l'accueille, un long cri de joie qui part de tous ces cœurs d'enfants ; et l'on s'installe. Rien de plus poignant que toutes ces têtes enserrées dans leur coiffure blanche : on a beau se dire qu'il y a des convalescences sous toutes ces blancheurs ; on songe qu'elles abritent bien des tristesses, bien des misères peut-être, et l'on est étreint à la gorge par un sanglot de pitié, que la pitié commande de ne pas laisser éclater.

Le directeur de l'Assistance publique,—c'était M. Peyron, ce jour-là, — se lève, une fois le silence rétabli. Il ne fait pas de discours : un discours serait déplacé ici ; nous sommes en famille, il faut que tous ces enfants sentent qu'ils ont une famille dans cette assistance qui les soigne, les guérit et veille sur eux ; mais il leur adresse de bonnes et affectueuses paroles, très simples, très cordiales, très émues, rendant un hommage discret et mérité à ceux qui dirigent l'école et y passent leur vie. Et toutes les petites mains applaudissent, et, les nerfs aidant, les paupières se mouillent.

Aussitôt après, on donne lecture du palmarès : les prix sont distribués, avec des livrets de caisse d'épargne. Puis, la charité privée fait son apparition, la charité privée qui, à Paris, est inépuisable autant qu'ingénieuse. Il y a une tombola : on tire les numéros, et chaque enfant reçoit un jouet.

Et ce sont des exclamations, et des battements de mains, à mesure que les bibelots alléchants, rangés sur une table, vont trouver leur destinataire sur les gradins : poupées, polichinelles, seaux et pelles pour les petits ; pour les grands et les grandes, trousses de bureaux, cartables, boîtes de couture, jeux de patience, etc.

Et tous ont leur lot : il n'y a pas d'oubliés, parmi ceux-là qui sont oubliés de la fortune ; et tandis que les bambins, les yeux brillants, ne voient plus la solennelle assistance, et se laissent aller, aux rires de leurs voisins, à souffler dans leurs trompettes, ou à esquisser quelques roulements sur leurs tambours, cette assistance, devant un bonheur si vrai, voudrait que la distribution durât encore, durât toujours. Il est si bon de voir heureux à leur tour, ceux dont les heures se comptent d'habitude avec des larmes !

Un jour quelqu'un disait au peintre Corot :
« C'est beau, la nature !

— Oui, répondit l'admirable artiste, mais
saint Vincent de Paul aussi, c'est beau ! »

Et ce mot me revenait à l'esprit, en songeant
que tant de joie était donnée à ces enfants par
la discrétion anonyme d'une charité généreuse.
C'est beau, en effet, de songer à ceux qui souffrent, à ceux qui pleurent, et je voudrais que
tous les ans des mains bienfaisantes vinssent
déposer sur la table de l'amphithéâtre en fête,
les jouets qui mettent tant de soleil dans l'âme
attristée des petits épilés !

Et ce fut fini ?

Pas encore ; le cortège sortit : les enfants
oublièrent un instant leurs jouets pour acclamer,
dans un élan spontané de gratitude, leur directeur, qui personnifiait, pour eux, avec son inal-
térable bonté, tous ces bienfaits qu'ils venaient
de recevoir. Puis ils allèrent goûter : ils eurent
encore des toasts et des cris, et la fête prit fin.

Fête touchante, dont le souvenir m'est resté
palpitant dans le cœur. Oui, dans cette cité de

misère, cette école est bien une école modèle ;
et tous ceux qui ont contribué à en faire ce
qu'elle est, tous ceux qui ingénieusement savent
s'y intéresser, méritent qu'on les salue et qu'on
affirme sur leur grande œuvre le respect et l'admiration qu'ils inspirent.

CHAPITRE XVI

Les heures lentes.

Ah ! combien lentes, les heures de l'hôpital !
Combien lentes dans l'envolement rapide des
jours, dans l'envolement plus rapide des années !

Ils ont beau, les malades, s'occuper dans
l'attente du chef de service, dans les soins d'hygiène qu'exige leur état, dans la dégustation de
la nourriture qui leur est servie, dans les visites
qui leur sont faites, à certains jours ; qu'importe, l'occupation s'épuise bientôt, et ils re-
viennent à la lenteur des heures qui pèsent de
toute leur durée sur l'ennui de leur vie inac-

tive. C'est la longue monotonie d'un repos,
pour ces gens lassés de se reposer ! Et lorsque
leurs yeux regardent le cadran où s'inscrit la
marche des instants, il leur semble que les aiguilles s'arrêtent, que tout s'immobilise pour
les contrarier, et que le soir du jour ne viendra
jamais pour eux, pour eux! les éclopés des
maux incurables, qui ont tant de peur cependant du soir de la vie !

Alors, lentement, très lentement, suivant
que le règlement le leur permet, ils sortent par
deux ou par trois, et s'en vont à la bibliothèque
emprunter des livres déjà lus, et que des géné-
rations de lecteurs ont marqué de leurs doigts
imprégnés de médicaments ; mais quel que soit
le chef-d'œuvre qu'on leur livre, les malades
ne le goûteront pas, comme s'ils le lisaient dans
la liberté d'un foyer familial ; leur tristesse les
privera d'en comprendre toute la gaieté, s'il
s'agit d'un de nos auteurs joyeux, comme La-
biche ; leur propre douleur les empêchera de
vibrer à l'unisson de toutes les émotions écrites,
s'il s'agit des drames si vivants des romans

- 16.

contemporains. Ce sont encore les classiques qu'ils lisent le plus volontiers ; parce que sous l'immuable beauté de la langue ou de la pensée, ils n'ont pas à se dépenser en sensations violentes : le beau a une sérénité qui leur convient, et pour ces âmes, que le mal souffert engourdit, c'est le calme qui est nécessaire.

D'ailleurs, la lecture n'occupe et ne peut occuper que de courts instants ; la fatigue arrive vite avec la lassitude, et pour tuer le temps on se promène dans les cours où fleurit quelque verdure.

Et c'est par petits groupes qu'ils marchent, les malades, coiffés de leur bonnet de toile et drapés dans leur capote d'uniforme. Ils marchent, puis ils s'assoient sur les bancs, parlant au commencement de la promenade, puis, à mesure qu'elle se prolonge, n'ayant plus que des mots lointains sur les lèvres, et enfin des monosyllabes, sans précision de sens, vagues, qui s'éteignent dans le gosier. Et c'est le silence, le silence pénible qui ne demanderait

qu'un objet de distraction pour se rompre;
mais cet objet de distraction ne se présente
pas.

Et l'on va côte à côte, sans plus rien dire;
ceux qui fument suivent les spirales bleues de
leur tabac; les autres ne trouvent dans l'inertie de leur cerveau ennuyé, qu'une expression
de haine ou de grossièreté pour l'individu qui
passe. Car une rage sourde finit par germer
au fond de toutes ces âmes, et il serait injuste
de leur en vouloir. Quand le jour décline, chacun regagne sa salle et son lit: et c'est la veillée qui commence, la veillée interminable, au
bout de laquelle on n'aura peut être pas la
bonne surprise du sommeil !

Les veilleuses s'allument; les dernières con-
versations s'épuisent; tous les bruits du dehors
s'apaisent; c'est un grand calme qui envahit la
salle; les yeux se ferment pour ne plus voir;
mais les corps sont encore éveillés, et l'horloge,
sans impatience, fait tinter à toutes ces oreilles
impatientes le chapelet interminable de ses
heures.

Oh ! combien lentes, les heures de l'hôpital !
Combien lentes, dans l'envolement rapide des
jours, dans l'envolement plus rapide des années.

CHAPITRE XVII

Les laboratoires.

Il y a deux formules qui ont cours parmi certaines gens du peuple pour s'affranchir de toute gratitude envers le corps médical des hôpitaux de l'Assistance publique : deux formules commodes, qui ont l'air d'être sérieuses, et que la masse du public accueille sans contrôler les assertions graves qu'elles traduisent.

On dit : « Les médecins sont bien heureux d'avoir le pauvre peuple comme malade dans les hôpitaux ; s'ils ne l'avaient pas, sur qui tenteraient-ils leurs expériences si souvent meurtrières ? »

On dit encore : « C'est un tort de vanter le désintéressement des médecins des hôpitaux de l'Assistance publique ; certes, les honoraires qu'ils reçoivent pour ce service sont très faibles ; mais leur titre leur sert de tremplin pour forcer le prix de leurs visites, et exiger de leurs clients de véritables fortunes. »

Je ferai remarquer, tout d'abord, que si les médecins et chirurgiens des hôpitaux sont plus recherchés que les autres par la clientèle aisée, c'est sans doute parce qu'ils ont plus de valeur ; que c'est cette valeur même, dont la médecine française se fait gloire, qui les a désignés au choix de l'Assistance publique, et que le peuple, qui reçoit gratuitement leurs soins, est mal venu de critiquer les avantages qu'ils peuvent éventuellement tirer de leur dévouement, et de l'immense somme de travail qu'ils ont dû fournir pour arriver à cette sorte de suprématie dans leur art.

Mais je veux essayer de répondre aux deux formules que je rééditais plus haut, et que j'ai entendu prononcer maintes fois. Pour cela, je me servirai d'un exemple pris entre mille, et qui ne laisse pas d'être probant.

S'il est des maladies pour lesquelles les essais soient nécessaires, on peut affirmer que ce sont bien les dermatoses. Leur traitement varie presque avec les individus, et la thérapeutique, en ce qui les concerne, bien qu'elle soit établie sur des bases solides, quant à ses principes généraux, est sans cesse obligée de se livrer à de nouvelles études, à de nouvelles découvertes.

Ceux qui en douteraient n'ont qu'à parcourir le magnifique et savant ouvrage publié par M. le docteur L. Brocq, sur le traitement des maladies de la peau, ouvrage où il a tracé avec une rare sûreté de méthode et une parfaite netteté de langage, la symptomatologie, le diagnostic et l'étiologie des dermatoses (1). Ils y verront collationnés avec soin tous les traitements proposés, et le tableau complet et complexe du dernier état de la science dermatologique.

(1) 1 vol. in-8, Paris 1890. Octave Doin, éditeur.

Peut-on dire cependant que tous les traitements indiqués ont eu des hommes pour premiers patients? Nullement. Le laboratoire du docteur Quinquaud, par exemple, établi à l'hôpital Saint-Louis, en fait foi. Entrons dans ce laboratoire.

C'est un bâtiment construit sur la partie ancienne de la cité de misère : un rez-de-chaussée divisé en trois pièces. Le mur du fond est garni de fourneaux; devant les baies vitrées sont les tables d'expériences. Dans la troisième pièce est installée le petit cabinet-bureau du docteur. Et partout ce sont des machines, des alambics, des tubes, des appareils, des bocaux pleins de liquides étranges et de préparations, des cuves d'eau additionnée de mercure, des étuves, etc.; sous un fourneau, dans une petite cage, j'aperçois un cobaye, dont le poil roux est enlevé par place, et rongé par une teigne tondante : le jeune cobaye a l'air très penaud; il grignote pourtant les croûtes de pain et les feuilles de chou qu'on lui sert copieusement; mais les soins auxquels il est livré, et les médicaments qu'il subit, mêlent aux lenteurs de

sa guérison, une invincible impression de mélancolie ; et ses yeux interrogateurs suivent les
mouvements de ceux qui l'approchent, non
sans une instinctive inquiétude. Bonne petite
bête ! On sait qu'un physiologiste, M. Brown-
Séquard, l'emploie à d'autres usages. La voilà
passée à l'état de bête utile. Mais la race
entière des cobayes en voudra sûrement à
l'homme d'abuser ainsi de ses enfants ; elle re-
grettera les temps calmes de la vie obscure, et
s'attristant à la vision cruelle des missions que
le cobaye est désormais appelé à remplir, elle
aura un grognement de malédiction pour la
science, et gémira avec le poète, que tous, les
gras cobayes au poil roux, ils ne méritaient

Ni cet excès d'honneur, ni cette indignité !

A côté de ces trois salles, on a ménagé les
chenils, dans une petite cour bien aérée ; c'est
qu'en effet, si le laboratoire ne dégage pas
d'exquises senteurs, les animaux, pensionnés
dans les chenils, répandent des parfums nauséa-
bonds. Il y a là, dans des cages, des chiens,

des lapins, des rats, dont la fourrure a fait place
à d'indescriptibles inflammations, à des pus-
tules purulentes, à des bulles distendues par
d'écœurants liquides, à des taches, à des tu-
meurs, à des croûtes et excoriations, et ulcéra-
tions de toutes couleurs et de toutes formes.

Voilà ceux avec qui les docteurs font des essais, et non avec les malades des classes
pauvres et assistées.

Et ne croyez pas que les devoirs d'une clientèle pressée et riche ne laisse à ces chercheurs
de la science que de rares loisirs. Le docteur
Quinquaud, pour ne citer que celui-là, passe
dans son laboratoire, on peut le dire, tout le
temps pendant lequel ses cliniques de l'hôpital
ne le réclament pas. Dans l'après-midi, le soir,
parfois même très avant dans la nuit, il est là,
courbé sur ses expériences, préoccupé de trouver le résultat qu'une hypothèse sagement
conçue lui a promis. Pour lui, point de jours de
fêtes, point de jours de repos. Son beau devoir
d'humanité le rive à ses fourneaux et à ses
alambics. Et l'on ne peut pas prétendre que

cela soit du zèle : c'est plus élevé, plus généreux que cela : c'est une habitude de sacrifice qu'il n'est pas rare de rencontrer chez les cliniciens de l'hôpital, une habitude de sacrifice, à laquelle on ne saurait trop rendre hommage, lorsqu'on a la bonne fortune de la rencontrer en chemin.

Eh bien ! je vous le demande ; que reste-t-il des deux griefs invoqués par les gens de la plèbe et les ignorants, contre le corps médical de l'Assistance publique ? Il ne s'agit pas de taxer celui qui écrit ces lignes, d'optimiste quand même. L'exemple du docteur Quinquaud, exemple pris au hasard, ne laisse pas de doute. S'il est encore des gens pour plaindre les misérables de servir à des expériences, c'est qu'ils le voudront bien. Quant à ce fameux tremplin, que la misère du peuple fournit aux médecins des hôpitaux, je crois avoir suffisamment établi que les médecins oubliaient souvent de s'en servir.

CHAPITRE XVIII

Poisons et parfums. — Les remèdes.

Si l'on en croit le succès de certaines spé-
cialités pharmaceutiques, le public prête assu-
rément aux remèdes, — j'allais dire aux drogues,
— bien plus de vertu qu'à la sagesse du régime
et à la bonne entente de l'hygiène ; et ce n'est
un mystère pour personne, que beaucoup de
gens n'apprécient les conseils de leur médecin qu'autant que ce médecin leur fait absor-
ber une masse de choses, dites médicaments.
A ces passionnés des pillules, sirops et autres
ingrédients, la vue de la pharmacie de la cité
de misère ferait certainement commettre le péché d'envie.

Installée dans un des bâtiments de la vieille ville, elle comprend des salles voûtées, comme l'étaient les salles des cloitres. Des fenêtres grillées, dont on a rétréci les baies à la largeur moderne, mettent du jour sur tout le matériel. Dans la première salle, les poudres, les farines, les graines, les fécules, et, contenues en de vastes récipients de métal, les graisses et les huiles ; tout cela est étiqueté ; tout cela vous exhale une odeur *sui generis*, une harmonie de parfums, où l'huile de cade fait une ample partie.

Dans la salle voisine, en une infinité de bocaux, régulièrement alignés, les préparations qui servent au dosage des mixtures. En contemplant cette immense variété d'extraits, d'essences, de poudres, etc., on ne peut s'empêcher d'admirer l'ingéniosité de la science, qui est allée demander à toutes ces matières, le secret de leur action thérapeutique, et la patience qui a été nécessaire pour acquérir, par son application, presque une certitude.

Enfin, dans la troisième salle est installé le

cabinet du pharmacien en chef, où sont enfermés les poisons.

Les poisons! voilà un mot qui désigne tout à la fois des choses redoutées et des choses bénies. Les poisons! appellation à double entente, qui dit trop ou ne dit pas assez; propriétés mystérieuses de certains objets de la création que l'humanité égoïste applique à son bénéfice ou à sa perte, et que cette même humanité, profondément injuste, ne considérant que l'effet sans examiner l'œuvre, voue à ses haines craintives, ou exalte avec un aveugle enthousiasme.

Autrefois, en effet, comme le remarque justement M. L. Hugounencq, dans son *Traité des poisons* (1), «la notion de poison n'était pas séparable de celle de crime ou de punition judiciaire.» Chez les Grecs et les Égyptiens, au moyen âge, en Italie surtout, le poison est une arme traîtresse qui sert aux vengeances, et les jugements qui l'imposent à certaines victimes

(1) 1 vol. in-8. Paris, Masson, éditeur.

célèbres, ressemblent plus à des crimes qu'à des actes d'équité.

Aujourd'hui que la chimie et la physiologie ont fait des progrès, on est arrivé à avoir du poison une toute autre idée. On en a découvert dans tous les corps, quelle que soit la nature de ces corps ; il n'est pas jusqu'à l'économie humaine qui ne sécrète des poisons, et comme le dit encore M. Hugounencq, « l'étude des auto-infections a montré que la destruction facile ou l'élimination rapide de ces produits toxiques était une condition nécessaire au fonctionnement normal de tout organisme. »

Et de quoi se servira-t-on pour faciliter cette destruction et hâter cette élimination? On se servira d'autres poisons, de poisons violents, implacables, mortels, dont la science, jeune encore, de la toxicologie, a fait des poisons sauveurs !

Ce sont ces poisons-là qui sont gardés dans le cabinet du pharmacien en chef.

Mais les visites sont terminées, les internes pharmaciens sont rentrés à leurs officines,

PETIT SC.
B.RÉAUTÉ

avec les carnets où chaque ordonnance est inscrite ; les infirmiers ont rapporté dans leurs casiers de treillis de fer les fioles à potion, les pots pour les pommades et les brocs des tisanes, minutieusement rincés.

Et sur les tables de la pharmacie, c'est une innombrable quantité de petits et de grands récipients, attendant d'être remplis. Et voici que les dosages sont faits ; les poisons et les remèdes sont pesés, partagés, dilués ; par-dessus, avec des entonnoirs à robinet, on verse les sirops, dont la saveur agréable s'efforcera d'amoindrir les amertumes et les insapidités. Dans les mortiers, les pilons manœuvrés rapidement amalgament les poudres, les huiles et les graisses ; les glycérolés exhalent, sous les voûtes, leurs senteurs brutales, auxquelles se mêlent de vagues fraîcheurs de menthe. C'est là une heure d'activité fébrile ; car toutes ces préparations, internes et externes, on les attend dans les salles ; toutes ces préparations contiennent, sans qu'on ait à les doser, cette essence que sécrète toujours l'esprit humain, l'espoir, l'espoir né de la confiance dans le médecin, né aussi du désir de guérir; et quand on regarde tous ces travailleurs en train de faire leurs pommades ou leurs potions, on a, dans ces salles de cloître, comme la vision d'une usine étrange où l'on fabriquerait de la santé! Puis, lorsque dans les salles, les malades auront reçu ce qui leur est destiné; quand la pharmacie, calme de nouveau, aura repris ses alignements de récipients et de poteries; quand les internes seront retournés à leurs études, dans leur salle de garde, le chef ouvrira une petite porte de son cabinet, et il ira, dans un minuscule mais délicieux jardin, qui est le sien, reposer son odorat des parfums violents de son service, en respirant au calice des roses d'autres parfums, plus atténués mais plus capiteux. Cet homme-là, qui est un aimable savant, peut partager sa vie en jouissances et en devoirs olfactifs, les jouissances plus brèves que les devoirs, bien entendu. Et, d'autre part, lui qui manie tant de choses, dont une minime pincée peut donner la mort, ne doit-il pas regarder notre machine avec une certaine contemption. Je dis notre machine, car, avec les matières toxiques, qui arrêtent notre organisme en pleine expansion de mouvement, ce n'est pas l'existence qui est contrariée, l'existence, principe éternel, dont le mystère, quoi qu'on fasse, restera toujours indéchiffré ; mais seulement notre matière dont les conditions se modifient.

Et s'il n'a pas cette philosophie du mépris, à cause de l'habitude où il est de voir les plus endommagés défendre énergiquement leur loque pantelante, au prix même des souffrances les plus aiguës et les plus prolongées, il doit posséder au moins une forte dose de scepticisme, en voyant ce qui tue, guérir, et parfois ce qui guérit, tuer. Et par-dessus les matières qui éveillent son scepticisme, c'est encore la science que vise ce scepticisme, la science, superbe et laborieuse, mais la science, de nature humaine, et condamnée par ce fait, à n'avoir jamais la possession de la vérité absolue, de la vérité immuable.

18.

CHAPITRE XIX

Hydrothérapie. — Il se faut entr'aider.

Un des services les plus importants de l'hôpital Saint-Louis est le service des bains ;
l'hydrothérapie, en effet, joue un rôle considé-
rable dans le traitement des dermatoses. Les
anciens, qui s'y connaissaient en hygiène, lui
consacraient de longues heures, et lui avaient
élevé des monuments, où tous les raffinements
du luxe se trouvaient réunis.

Je n'affirmerai pas que l'Assistance publique
a dépensé ses fonds à construire des établissements de bains capables de lutter avec le souvenir des thermes antiques, dallés de marbre,

et lambrissés d'or, mais ce qu'elle a fait pour notre cité de misère est certainement très confortable et très largement entendu. A la place des vieux arbres qui formaient une sorte de bois sacré, devant le pavillon Gabrielle, elle a édifié un bâtiment d'aspect sévère, une sorte d'usine, flanquée de machines toujours en mouvement, et d'une haute cheminée au front empanaché de fumée.

Dans des salles, faciles à aérer, sont distribués tous les moyens de donner l'hydrothérapie ; ici des baignoires émaillées, d'un entretien plus aisé, afin d'éviter tout contage ; là, les appareils à douches, faisant cercle autour d'une piscine ; plus loin, les cabines pour les bains hydrofères, les salles de sudation pour bains de vapeur ; les machines électriques pour les services d'électrolyse ; les conduites de vapeur pour la cuisson de l'amidon, si favorable, ainsi préparé, à calmer les épidermes irritables ; etc., etc.

Et toute la journée, c'est un va-et-vient continu dans cet établissement : dès le matin, les malades de l'hôpital; puis, à d'autres heures fixées par le règlement, les malades du dehors, et ceux-là sont une légion; ils arrivent par un passage ménagé pour eux, et fermé aux communications avec l'intérieur. Chacun a sa carte, avec l'indication de ce qu'il lui faut; les hommes d'un côté, les femmes de l'autre, sont conduits, à leurs séries, par des infirmiers et infirmières, qui, je vous l'assure, n'ont pas de temps à perdre.

Les bains à préparer, les sels à y jeter, ou l'amidon cuit à y mesurer, les linges à faire chauffer, que sais-je! Et les séries se succèdent, toujours renouvelées, jamais épuisées; n'est-ce pas le plus bel éloge que l'on puisse faire d'un service hospitalier si fréquenté.

Mais arrêtons-nous à un des aspects de cet établissement, qui pour n'être pas gai, n'en a pas moins une couleur particulière. Midi vient de sonner : le gardien en chef des bains a fait ouvrir une porte, et l'on entend une voix qui appelle :

« Messieurs les galeux! »

Et « messieurs les galeux » se précipitent pour livrer la bataille décisive au petit parasite qui les torture.

Ici, quelques mots sur cette affection de la gale ne seront peut-être pas déplacés. Nous sommes tous exposés, dans la rue, dans les endroits publics, dans les voitures et chemins de fer, à recevoir, sans l'avoir sollicité, ce gênant compagnon de route, et un bon avertissement contre ce vilain mal n'est jamais inutile : c'est au livre du docteur Brocq que je l'emprunterai.

« On donne, dit-il, le nom de *gale* (*scabies* ou *psóre*) à l'ensemble des lésions cutanées que provoque chez l'homme un animalcule parasite de la famille des sarcoptes, de la classe des arachnides, l'*acarus scabiei*. »

Cet acare, haussé sur ses pattes de derrière, s'ouvre une galerie à la surface de l'épiderme, à l'aide de son rostre, et comme son échine est hérissée de petites proéminences semblables à des dents de scie, il lui est impossible de reculer; il poursuit sa marche en avant, semant tout le long des sillons où il laisse après son

passage, des œufs qui se développent à peine
pondus. Le *sillon* est donc, par excellence, le
signe pathognomonique de la maladie. D'autre
part, les localisations caractérisées aux mains,
aux espaces interdigitaux, aux avant-bras, etc.,
etc., facilitent le diagnostic, qui pourtant peut
être gêné par des complications d'hurticaire,
d'impétigo, d'ecthyma et d'éruptions diverses,
suivant la délicatesse de peau et les prédis-
positions du malade.

Mais je reviens aux malades, introduits dans
les bains d'une façon fort civile par le gardien.
Une fois la première ablution prise dans une
baignoire, avec accompagnement de frictions
au savon, les malades, nus, passent dans une
salle fortement chauffée ; là, sur le sol, une ter-
rine débordant d'une pommade jaune, très désagréable à l'acare, et désagréable aussi aux
patients, celle que le peuple appelle : *pommade
à l'émeri*, parce qu'elle s'appelle *pommade
d'Helmerich*, du nom de son inventeur. Elle
renferme, entr'autres ingrédients, de la fleur
de soufre et du carbonate de potasse.

Alors commence une scène qui ne manque pas de gaieté, car les malades, pour se donner du cœur au ventre, y risquent quelques plaisanteries d'un goût douteux ; en vertu d'un proverbe qui recommande de s'entr'aider, les patients obéissent à l'injonction qui leur est faite de s'entre-frotter. Et c'est un cercle d'êtres vigoureusement frottés par des mains vaillantes à frictionner. Les chairs, au bout de quelques minutes, sont enduites de la pommade parasiticide, et jaunes comme le front d'un habitant du Céleste-Empire. C'est à peine si l'acare peut encore manifester une dernière rougeur à la surface de cet épiderme où il rêvait une oasis, et qui devient un champ de bataille ; l'acare, révolté, et désespéré dans sa résistance, comptait sans le gardien de la frotte, qui, une baguette à la main, suit le travail commun, et poursuit les rébellions acariennes d'un impassible :

« — Frottez-là, monsieur !

— Mais j'ai déjà frotté, est-il répondu.

— Frottez encore, vous dis-je ! »

Et la main, dans un nouvel effort, écrase sur les sillons dévastés, la fleur de soufre vengeresse et triomphante.

Les acares, d'ailleurs, vendent chèrement leur agonie; ces infiniment petits s'offrent, avant de disparaitre, la joie d'une torture dont les patients se souviendront longtemps; car, à mesure que la frotte s'accentue, les plaisanteries expirent sur les lèvres des plus courageux, et la sensation éprouvée oblige les patients à de fortes expirations et de graves recueillements. D'autant qu'il faut garder cet enduit vingt-quatre heures, et qu'en fiche de consolation, quand vous avez repris vos habits, préalablement désinfectés dans l'étuve de l'établissement, le gardien vous remet un peu de pommade d'Helmerich, pour procéder le soir, vous-même, dans le silence de votre *home*, à une petite frotte individuelle et supplémentaire.

Mais, qu'est-ce que cette journée douloureuse, en comparaison des ennuis, du dégoût et de la contagion de cette maladie parasitaire!

19

N'est-il pas heureux qu'il existe un établissement public où sa guérison soit assurée dans un laps de temps aussi court? Qu'on n'oublie pas que si parfaits que soient les soins d'hygiène que nous accordons à notre toilette, nous pouvons toujours subir ce contact répugnant.

Dans ce cas, pas de fausse honte! pas de scrupule du qu'en-dira-t-on. Vite, prenez le chemin de la cité de misère; c'est votre tranquillité qui le réclame; c'est la société qui l'ordonne; et la voix du gardien vous appelle : « Messieurs les galeux! à votre tour! »

Vous ne serez pas seuls; messieurs les galeux, suivez la foule!

CHAPITRE XX

Le ventre de la cité.

Ici, point de tristesse, point d'amertume : c'est un tableau appétissant dans un cadre vraiment grandiose. Évoquons pour un instant ces salles des gardes, ces anciennes demeures seigneuriales ; sous des voûtes hautes, la lumière se joue gaiement, mettant des rayons fauves sur les cuivres, faisant éclater de blancheur la nappe des longues tables servies, qui n'attendent plus que des convives.

Sur les fourneaux, aux profondes marmites, dans la haute cheminée, où se préparent les grillades, où tournent les broches chargées de viandes, dorées au feu, c'est la nourriture de quelque agape pantagruélique qui mijote, cuit ou rôtit, embaumant l'atmosphère de senteurs gourmandes qui chatouillent agréablement l'odorat, et sollicitent les estomacs les plus engourdis. Et des gens sont là, affairés à leur besogne, qui l'écumoire à la main, qui la longue fourchette pour piquer les entrecôtes et les retourner; cuisiniers et aides de cuisine, l'œil aux fourneaux et aux broches, veillent aux coups de feu et aux gratins.

Sous la surveillance de la religieuse qui préside à tout ce branle-bas, le branle-bas des gigots et des côtelettes, auxquels dans les salles les malades vont livrer bataille, la distribution se fait pour chaque pavillon, pour chaque service, en de longues bassines, aux bords droits, qui leur donne un air de tiroir de cuivre étamé.

Et le bouillon fume, gras, teinté, tout moiré d'œils, fortifiant et fleurant bon; et les viandes et les volailles, cuites à point, stagnent en morceaux désirables dans un jus où l'on

_19._

voudrait tremper des mouillettes de pain; et dans des brocs de porcelaine, le lait chaud, bouilli, se couvre d'une crème qui écarte toute idée de sophistication, et pour les plus délicats, sous des serviettes, dans le double couvercle des bassines à soupe, les œufs à la coque, les œufs frais pondus semblent blottis; et c'est la force, c'est la joie d'une heure, c'est l'oubli des souffrances physiques, dans l'apaisement des estomacs affamés et satisfaits, que toutes ces choses succulentes vont apporter au lit des malheureux!

Allez! l'heure a sonné; le cortège se met en marche; les infirmiers s'en vont chacuns emportant la provande de leurs pensionnaires; allez! on vous attend partout! Allez vite! un ban de plaisir saluera votre entrée!

Quel plaisir, en effet, pour le malade que le premier œuf à la coque, après la diète; que le premier blanc de poulet, ou la première côtelette après le premier œuf! Ce plaisir-là, dès que le médecin l'a autorisé, est attendu avec une impatience presque fébrile; on croit que l'heure n'en viendra jamais, et lorsque l'heure est enfin venue, on prolonge le repas, on fait les bouchées menues, on savoure chaque parcelle ; on se donne la double satisfaction de manger et de se sentir manger.

Manger n'est plus alors un acte d'instinct, un des actes que nous avons de commun avec la bête : manger devient un fait intelligent, — j'allais dire intellectuel. Nous y mettons toute notre attention : nous avons espéré avant ; nous nous étudions, pendant ; nous y songerons longuement après. Nous avons plus qu'une sensation de bien-être ; nous avons l'analyse de cette sensation, l'analyse de notre plaisir, et l'habitude d'une chère succulente, telle que l'eût révée un Lucullus, n'est rien auprès de la fête que nous réservons à l'œuf frais que le médecin prudent permet à notre première minute de convalescence.

A plus forte raison cet œuf est-il bien accueilli, à l'hôpital, par les malades, pour qui souvent, dans le courant désolé de la vie, tous les jours ressemblent à des jours de diète.

Et c'est ainsi deux fois par jour ; déjà dans les dépendances, on pèse et mesure les provisions du soir : la boulangerie entend grincer le pain découpé par la machine, en rondelles, pour la soupe ; la laiterie ouvre ses bidons de lait, ses tonnelets de graisse et de beurre, ses paillons où bâillent les fromages ; l'épicerie distribue ses légumes et ses pâtes ; et la boucherie voit tomber de chaque côté du couperet abaissé d'une main sûre contre le bois durci et usé de l'étal, les pièces de viande aux couleurs crues et vives, aux fraîcheurs saines. Mais de l'autre côté de la cuisine, les tables sont toujours là, dressées, avec la blancheur des nappes et des assiettes, et la grisaille polie des couverts de métal. Nous voilà ramenés à l'évocation de tout à l'heure.

Allons-nous entendre un appel de trompette, jeté par des hérauts d'armes, et voir entrer. un couplet gaulois aux lèvres, la milice de quelque puissant seigneur ? Devant le feu, après le premier service, des jongleurs vont-ils venir se placer, et échanger contre un peu de chaleur, l'adresse de leurs tours et de leurs pirouettes; ou bien sera-ce une bande de ménestrels, qui le luth aux mains, et l'imagination en veine de poésie, va dire la dernière chanson de geste et la dernière victoire? Dans ce décor d'une impression si archaïque et si profonde, quel vaillant va se dresser, et élevant à ses lèvres la coupe d'or où pleure l'hydromel, portera la santé de tout ce qui est beau et gracieux?

Ce sont des vaillants en effet qui prendront place à la longue rangée de tables, mais des vaillants d'une classe spéciale, d'une classe humble entre toutes; ce sont les infirmiers et les infirmières. Devant eux, il n'y a pas de coupe d'or; mais de simples verres, au fond marqué des lettres A. P. : Assistance Publique.

Si le décor au milieu duquel ils s'assoient ne manque pas d'ampleur, la nourriture servie à ces braves serviteurs n'est pas somptueuse. On a donné aux malades le bouillon; on leur donne à eux le bœuf, filandreux et sec, le bœuf qui n'a plus ni moelleux, ni saveur et qu'il serait bien difficile de digérer, si l'administration de l'hôpital ne s'efforçait avec des sauces variées de le rendre plus acceptable. Mais, en dépit de tout l'art culinaire déployé autour de cette viande, ce n'est jamais que du bœuf bouilli. Je sais bien que ce bouilli doit être mangé, et qu'il ne conviendrait pas à l'appétit souvent capricieux des malades, ni aux nécessités fortifiantes que doit avoir pour ceux-ci la nourriture distribuée. Mais ne serait-il pas humain de varier quand même, pour les infirmiers et infirmières, une pitance, qui a force d'être monotone pour l'œil et fatigante pour le goût, finit par ressembler à une privation, car beaucoup ne peuvent s'en contenter, ne peuvent parfois la manger. La besogne est dure pour tous ces serviteurs de la misère, pour tous ces témoins des écœurantes laideurs ; et je voudrais que l'Assistance publique leur rendît au moins agréable le temps écourté qu'ils passent à table. Si le sacrifice que j'indique est trop lourd pour le budget, je demande qu'un homme généreux fasse un legs dont le montant serait employé à améliorer l'ordinaire des infirmiers et infirmières ; ce serait là une œuvre de sage humanité, et je sais qu'en France, il suffit de signaler la possibilité d'une œuvre pareille pour qu'elle reçoive immédiatement sa réalisation.

———

CHAPITRE XXI

Le _oin du sommelier.

Les maladies spéciales auxquelles s'adressent les soins de l'hôpital Saint-Louis, excluent souvent l'usage du vin ; mais nous avons vu qu'en une certaine mesure, Saint-Louis est un hôpital général : il a donc besoin d'une cave.

Cette cave, sans avoir la magnifique ampleur de la cuisine, mérite bien quelques lignes de description. Elle a son entrée, dans la vieille ville, à deux pas d'un pavillon ancien, où, dans une niche, se dresse le buste d'Henri IV. Le Béarnais, qui se souvient du baptême tout gaulois qui l'accueillit à la vie terrestre, semble même sourire, dans sa barbe de bronze, aux tonneaux que l'on descend et au sommelier qui passe.

Un type, le sommelier : grand, solide au poste, une certaine gravité dans la physionomie, il commande à ses régiments de futailles, de bonbonnes à alcool et de bouteilles alignées dans leurs casiers. Ici, les pièces de Bordeaux en vidange; là, les vins vieux, vénérables sous leur poussière authentique et le goulot hermétiquement encapuchonné de la cire sacramentelle; plus loin, les Banyuls et les Malaga de marque, les Frontignan, qui sembleront de l'or liquide dans les verres des malades, et leur mettront de la chaleur dans l'estomac; les Rhums et les Cognacs d'une respectable ancienneté; et d'autres encore que je ne puis citer, pour ne pas être taxé de gourmandise; petits fûts et grandes bouteilles amenés là par la générosité de donateurs anonymes, ou même de l'Assistance publique, et que sur l'ordonnance du médecin, on distribuera, en gâterie, aux infortunés de la santé et aux désespérés de la vie.

A certaines heures, le sommelier, qui a préparé ses distributions, reçoit à son guichet les infirmiers de service ; il remet à chacun des brocs remplis, dont le couvercle d'étain est fermé par un cadenas ; à ceux qui sont munis de bons à cet effet, il donne les rations de vins fins, dans de petites bouteilles bouchées. Puis, quand il est de nouveau seul, qu'il a achevé sa besogne de lavage et de rangement, qu'il a *collé* les pièces arrivées récemment, établi ses états d'entrée et de sortie, et jeté un dernier coup d'œil aux tonneaux assoupis sur leurs pieds, et aux bouteilles calmes et exactes à l'alignement, il prend sa lanterne, éteint son bec de gaz, remonte son escalier de pierre, fait jouer les lourdes serrures de la porte que nul ne franchit sans lui, passe, sans donner un regard, l'ingrat ! à l'image du roi vaillant, qui mérite bien cependant le salut du gourmet, et regagne le pavillon qui lui sert de demeure.

Peste ! monsieur le sommelier n'a pas à se plaindre. La maisonnette qu'il occupe n'est autre qu'un des pavillons qui marquaient aux angles l'enceinte ancienne de la *Cité de misère*, au temps de ce même Henri IV; un rez-de-chaussée, un étage et un toit qui s'allonge en pointe plate comme une lame de couteau, où les marques de fabrique seraient remplacées par des lucarnes. Tout autour, un champ en pleine culture, avec des salades et des légumes de toutes sortes; le long des murs, quelque vigne grimpante, comme il convient à la demeure d'un sommelier.

Et c'est un étrange aspect de campagne, d'un pittoresque reposé, interrompu seulement par la vue des autres maisons modernes qui bordent les rues avoisinantes. Pourtant, on n'y entend pas de bruit : rien que la rumeur étouffée et lointaine de la ville; l'air s'y joue librement, et le soleil, pendant le jour, y vient chercher le rouge, depuis longtemps effacé, des tuiles noircies et moussues. Dans la nuit, quand la lune se montre clémente, la silhouette du pavillon se dresse avec des airs de l'autre temps, et l'on cherche involontairement sur le banc de pierre que la vieille légende d'hospita-

20.

lité française a scellé près du seuil, on cherche
le patriarche à barbe blanche, repassant dans
un sommeil calme toute une carrière lointaine et
bien remplie, et sentant chanter son âme, dans
l'âme éternelle des souffles et des choses.

Parfois des pas se précipitent de ce côté :
est-ce quelque chasseur égaré dans la plaine,
qui vient demander sa route au patriarche à
barbe blanche? est-ce quelque malheureux,
brisé de fatigue et effrayé par la nuit qui vient
tendre la main, et réclamer sa place au foyer?

Non! les pas vont plus loin : ce sont les internes qui traversent le clos du sommelier, et
courent au baraquement où une femme, sur
le lit de douleur, appelle, de toutes les contractions de son être, la délivrance de ses flancs
alourdis!

Allons! sommelier! éveille-toi! Vite un flacon
de vin vieux! C'est le Béarnais qui te l'ordonne!
Sur le front de l'enfant qui vient de naître, va
faire couler le sang de la vigne! va promettre
à cette chair qui veut vivre, la force qu'il faut
pour la vie! Sommelier, sommelier, éveille-toi!

Mais non! reste couché, brave homme; ce baptême-là se trouve dans l'histoire; on a omis de le prescrire dans les règlements.

Et lui, le sommelier, a-t-il compris tout ce qu'il y avait de charme évocateur dans le pavillon qu'il occupe; a-t-il senti qu'il y avait là comme un coin de l'Éden? comme l'oasis de paix, au milieu du désert grouillant de la grand'ville?

CHAPITRE XXII

La grande lessive.

Entre deux services de chirurgie, tout au
fond de la Cité de misère, n'ayant ni l'éclat
d'une architecture fière de se montrer, ni la
honte d'une masure qui se cache, le bâtiment
de la buanderie est établi au milieu des cours
dépendantes et des terrains surélevés qui servent de séchoir en plein air.

Et c'est une usine à elle toute seule, que
cette buanderie, une usine où l'on n'a ménagé
ni la place, ni le confort moderne. Cela sem-
blera moins surprenant, quand on saura qu'il
se blanchit là 1,600,000 kilog. de linge par an,
soit 5,000 kilog. par journée de travail. Cela

représente le blanchissage de l'hôpital Saint-Louis, et des maisons hospitalières, situées dans la même région, et qui profitent des conditions particulières d'hygiène réunies en cette buanderie modèle. En effet, le linge sali d'un hôpital, comme l'hôpital Saint-Louis, c'est l'énorme promiscuité de toutes les infections, c'est la fermentation de toutes les purulences : linge de corps, linge de table, linge de literie, linge de pansement, tout cela a besoin, après usage, d'être désinfecté rigoureusement ; s'il en était autrement, que d'accidents, que de contagions n'aurait-on pas à déplorer dans le nombre des malades hospitalisés et du personnel en contact permanent avec ceux-ci, du personnel qui serait ainsi bien mal récompensé de son dévouement.

Ce qu'il faut donc, c'est une gigantesque lessive, faite dans de telles conditions qu'aucune trace des souillures passées ne demeure attachée aux toiles, sans que ces toiles sortent toutefois détériorées de lavages chimiques, de nature à altérer leur tissu, et sans qu'il reste,

dans ces linges blanchis, rien qui puisse être
nuisible à l'état dermatique des malades.

Ce sont des précautions nombreuses, on
le voit ; ce sont là des précautions qui ont toutes
été prises avec succès, et la petite religieuse
qui mène avec une activité de tous les instants
ce très lourd département de la *Cité de misère*
est un vaillant contremaître à qui l'on peut
décerner un éloge sans restriction. Tout son
monde lui obéit, sans bruit, sans murmure,
sans récrimination : machines et gens s'entendent ici à merveille, pour accomplir un bon
ouvrage. Ici c'est une cuve de désinfection, là
un bassin pour tremper et couler ; à côté, les
dalles à savonnage, les caisses à lessive, les
essoreuses, qu'un ingénieux mécanisme ouvre,
ferme, et inonde de vapeur ; puis, plus loin,
une véritable plaine, où par les temps secs on
fait sécher le linge. Par les nuits claires, pour
peu qu'un vent doux balance toutes ces toiles,
cette sécherie ressemble de loin à un port
où une infinité de minuscules voiliers atten-
drait à l'ancre.

Dans le jour, où l'imagination ne peut se tromper, la vie de toute cette usine ne constitue pas un tableau moins attachant, ni moins remarquable, d'autant plus qu'aucune odeur désagréable ou acide ne vous assaille au passage. C'est pour les amateurs de grisailles, une merveilleuse harmonie de tons, où la robe noire et la cornette blanche de la mère, et le rouge éteint des briques mettent des notes vibrantes, sans être brutales.

Et ce mouvement! et ces cascades d'eau qui roulent dans les bassins, et ses brouettes chargées de toiles blanches, sorties fumantes des essoreuses et traînées dehors, et le ronflement des arbres de couches et des courroies de transmission qu'une machine voisine fait agir. Et tout cela, toute cette industrie, c'est pour les malheureux qu'on l'a créée; tout ce labeur, c'est pour les malheureux qu'il s'accomplit.

Aux déshérités, qui entrent en maître à l'hôpital, et qui, aigris par les privations, trouvent que les sacrifices imposés pour eux ne sont pas suffisants, je voudrais qu'on fasse

BRÉAUTÉ

visiter seulement ce service de la buanderie ; je voudrais qu'on leur dise : « Cela est pour vous ! cela est à vous ! Ces hommes qui purgent ces linges de toutes leurs souillures, ces femmes, qui tous les jours lessivent et savonnent, ce sont vos ouvriers, ce sont vos ouvrières ! » Peut-être alors qu'ils se sentiraient plus de courage à supporter leur souffrance ; peut-être qu'alors, à défaut de toute reconnaissance à l'égard de l'Assistance publique, auraient-ils pour elle moins de reproches et plus de justice.

Si, en traversant la cour qui précède la buanderie, nous entrons dans un bâtiment à l'aspect sévère d'une gendarmerie ou d'une école normale primaire, nous nous trouvons dans la lingerie ; un autre département important. Je ne m'y arrêterais pas cependant, s'il ne s'y trouvait en plein fonctionnement un service dont les résultats ont été excellents à tous les points de vue : je veux parler des ateliers, où les femmes en traitement pour des dermatoses sont admises à fournir des journées de raccommodages.

J'ai dit autre part ce que je pensais du travail des malades dans les hôpitaux. A la lingerie, il ne s'agit, bien entendu, que de malades dont l'état général de santé est satisfaisant; mais une affection, eczéma, psoriasis, érythème, lupus ou autres, affection qui intéresse la figure, les empêche de se soigner chez elles, et surtout de trouver une place dans les ateliers de la ville. Voilà donc des femmes condamnées à l'inactivité, alors qu'elles ont le besoin de dépenser cette activité ; des femmes, généralement dénuées de tout, excepté de charges de famille, et inquiètes sur le sort qui les attend, elles et leur foyer, à cause d'un séjour prolongé à l'hôpital ; ces inquiétudes naturellement seront nuisibles au bon effet du traitement institué, et ces malheureuses, qu'on aurait peut-être pu guérir, se trouveront peut-être incurables. par le seul fait de leur situation morale.

Or, à ces malades-là, on a permis d'aider le travail des raccommodages ; elles touchent un salaire ; elles se sentent moins malades,

par ceci qu'elles ne sont plus inactives ; la
conversation malsaine de la salle leur est
évitée une grande partie de la journée ; c'est
pour elles une résurrection à la vie laborieuse,
à la vie de l'atelier, et si l'Assistance publique
profite de cet apport, sur lequel elle ne comptait pas, on peut affirmer que le profit capital,
le profit important, le seul qu'il faille consi-
dérer, parce qu'il est éminemment moral, on
peut affirmer que ce profit énorme, inestimable,
va aux malades. C'est là une remarque sur
laquelle je veux attirer l'attention du Conseil
supérieur de l'Assistance publique : loin de moi
la pensée de vouloir faire des hôpitaux des
établissements de rapport ; mais l'établissement
de certains ateliers qui rendraient l'hôpital libre
de tout travail extérieur, ne serait nullement
nuisible aux malades, dont la situation morale,
je le répète, en serait d'autant améliorée.
Nous en avons la preuve indéniable chez les
raccommodeuses de notre *Cité de misère.*

CHAPITRE XXIII

Jeunes mères et sages-femmes.

À côté de tant de laideurs, cherchons un endroit où la nature soit franchement belle; à côté de tant de tristesses, évoquons une image gaie; à côté de tant d'ombre, faisons éclater un rayon de soleil. On n'a pas voulu que dans la *Cité de misère*, il n'y eût que des cris d'agonisants et des glas de morts; on lui a fait sa part de jeunesse; là où tant de vies s'achèvent, des vies commencent également.

Au milieu d'un jardin, on a élevé un baraquement. Dans une longue salle bien claire, on a aligné des lits; près des lits on a placé des berceaux; c'est-là que sont reçues et installées des femmes pauvres, à qui le devoir sacré de la maternité est accordé. Et tout est blanc, dans ce dortoir où se poursuit l'œuvre de l'humanité; tout est blanc, comme si l'on avait voulu que les innocents attendus, aient sous les yeux, à leur premier regard, la couleur où se symbolise la pureté de leur âme.

Rien ne manque d'ailleurs au confort; près de chaque lit des tables de nuit-toilettes, en fer, et à jour, afin qu'aucune odeur nauséabonde n'y séjourne; au milieu de la salle, des balances, où l'on voit les progrès de la nourriture pour chaque bébé; dans un coin des couveuses pour les petits qu'une parturition trop hâtive a chassés du flanc qui les portait.

L'opération, d'ailleurs, ne se fait pas dans cette salle; il y a un endroit spécial pour cela : à l'heure décisive, des porteurs placent la femme sur un brancart articulé, qui permet de la maintenir toujours horizontalement, et la déposent sur le lit de douleur; puis, l'accouchement achevé, les mêmes porteurs ramènent la mère à son lit.

Et c'est un spectacle réconfortant pour celles qui entrent que de voir de chaque côté du long dortoir, celles qui sont délivrées, presser contre leur sein les nouveaux-nés et leur donner le lait qu'ils tètent goulûment. Il y a bien quelques mères à qui la nature refuse cette grande joie; des nourrices, choisies avec soin, les suppléent dans cette tâche. Mais on oublie, dans ce gynécée, les laideurs morales de la vie misérable et irrégulière; on ne veut plus se rappeler que beaucoup de ces petits n'ont pas de père; qu'ils sont issus d'un baiser impur, à l'heure d'une débauche passionnelle; que leur premier frôlement, dans la mystérieuse obscurité des mois de gestation, a été accueilli peut-être par un cri de rage et de haine; que plus tard, le manque de tout les rejettera, sans doute, dans les bras hospitaliers de l'Assistance publique; il faut oublier tout cela.

Dans la salle blanche du pavillon, le devoir et la nature ont reconquis leurs droits; ces femmes, qui pendant quelques jours sont à l'abri de tout besoin, sont bien des mères; des mères avec toute la tendresse que l'instinct leur inspire pour cette chair qui vit de leur chair, que la raison leur impose pour cette âme où vibre un lambeau de leur âme. Et, si à leur sortie de l'hôpital, les vicissitudes et les misères ne les guettaient pas, prêtes à les ressaisir avec leurs caprices malsains, et leurs malsaines tentations, comme toutes ces mères aimeraient leurs petits, et comme ces petits, en retour d'affection et de gratitude, sauraient mettre de joie et de reposante félicité au cœur endolori de leurs mères! Mais il nous faut encore ne pas songer à cela! Laissons-nous, pour un instant, empoigner par le riant tableau qui s'offre à nous.

C'est l'heure de la clinique. Oh! les cliniques d'accouchement ne doivent pas avoir la solennité des autres cliniques; non qu'il faille apporter moins de science dans la pratique si difficile et si compliquée de la chirurgie et de la thérapeutique obstétricales; mais on ne peut prendre un air de *de profundis* près de ces lits où l'on s'apprête plutôt à chanter un Noël. Et le cortège doit avoir une physionomie toute spéciale.

En tête, voici le médecin. Il n'est pas nécessaire qu'il ait des cheveux blancs. Un homme jeune, blond au besoin, d'aspect aimable, de santé robuste, s'impose. Les mains seront très soignées ; son toucher sera très doux ; il aura de mondaines délicatesses, pour ne pas éveiller les susceptibilités pudiques de ses malades ; mais il n'est pas nécessaire que l'homme disparaisse entièrement derrière le docteur. Pour détourner par instant la patiente des douleurs cruelles qui l'attendent, et déjà retentissent en elle, une galanterie de bon ton lui rappellera qu'elle est femme. Son mal n'est pas une maladie ; c'est plus qu'un état : c'est une prérogative de son sexe, et il n'est pas malséant de lui payer un juste tribut de respectueux hommage. D'ailleurs, c'est en se montrant sous un jour avenant que le médecin accoucheur gagnera la confiance de sa malade, et cette con fiance, il en a besoin pour sa tâche très intime et très laborieuse.

Puis viennent les internes ; ils prennent modèle de leur chef ; ils sont jeunes ; ils s'intéressent à ces femmes, jeunes aussi ; ils ont pour elles des trésors inépuisables de pitié. Ils sont presque des amis. Ce sont eux qui ont été appelés la nuit, alors qu'on croyait le moment venu ; ils ont calmé les crises préparatoires ; ils ont bercé le retour au calme, de toute leur attention presque affectueuse, et on les aime, les internes ; on sait leur nom, leur prénom parfois ; on les aime réellement, et on se souviendra d'eux : on se souviendra de leur main, qui épongeait la sueur sur le front, doucement, très doucement, après les douleurs, dans la somnolence vague des apaisements désirés.

Ensuite, voilà les élèves sages-femmes. Les romans nous montrent souvent les sages-femmes sous un aspect déplaisant ; ce sont de vieilles commères, au nez bourgeonné, au menton hirsute ; mal tenues, habituées à toutes les pratiques avouées et désavouées, épuisant les

P. MERWART.

loisirs que leur laisse leur ministère, dans
d'interminables et superstitieuses réussites ; in-
terrogeant au besoin les tables et le marc de
café au bénéfice de clientes crédules ; sortes de
sorcières dont l'antre est désigné aux filles
mal gardées, par un écriteau grossièrement
peint, où une dame très comme il faut, va
cueillir un enfant surgissant d'un cœur de
chou. Ce n'est peut-être là qu'une légende ;
mais les légendes ne puisent-elles pas toutes
leur principe aux sources même de la vérité ?

Il n'en va pas de même des élèves sages-
femmes, et celles de la Cité de misère sont là
pour donner à la légende le démenti le plus for-
mel. Figurez-vous les plus jolies créatures qui
soient. Dans leur costume de travail, la robe de
toile grise, elles ont bien l'air sérieux et préoccupé ; mais au coin de la lèvre perce le sourire
séduisant de leur vingt ans. Elles sont là, jeunesse en fleur, assistant à la moisson des fruits
mûrs. Blasées, sans doute ? sceptiques, peut-
être ? Détrompez-vous : elles connaissent tout
de la vie et elles aiment la vie. C'est qu'en leur

jeunes cœurs tout prêts à battre, un coin du grand mystère est resté voilé, et ces étudiantes à l'œil garçonnier, ont encore d'enfantines innocences et de chastes pudeurs.

Aussi, comme ce cortège-là est accueilli dans la salle aux lits alignés. On fait patienter les impatientes ; on endort leurs gémissements avec des promesses de délivrances prochaines ; on examine, on encourage les libérées ; on palpe les bébés, on les éponge, on les caresse ; on rit de leurs roseurs grasses et potelées ; et lorsqu'au contraire, l'un de ces enfants est chétif, et pâle, et froid, lorsqu'il semble marqué du doigt, sans miséricorde, de l'inviabilité, on s'inquiète, on s'ingénie à le défendre contre la vie qui le repousse ; et s'il tombe, en dépit des miracles accomplis, s'il tombe, comme les bourgeons desséchés par une nuit d'hiver, croyez qu'il y aura des yeux mouillés pour son départ.

On m'a conté cet évangile :

Deux voisines de lit eurent leur enfant le même jour ; l'un des enfants mourut ; l'autre, vigoureux, se jetait avidement sur le sein qu'on présentait à ses lèvres ; mais ce sein était infécond ; la source nourricière en était tarie. Et l'enfant et la mère se lamentaient. La voisine, la mère orpheline de son enfant, — pourquoi n'appelleront-on pas ainsi ceux qui ont connu ces rudes déchirements ? — la mère orpheline s'était endormie sur le soir, et quoique le berceau placé près d'elle fût vide, elle y avait posé sa main, dans un geste de tendre protection, et elle revoyait en rêve le petit corps rigide, inerte ; et de grosses larmes perlaient sous ses paupières closes. Mais voici, qu'un instant, son rêve s'éclaire : son drap s'est soulevé ; des lèvres suceuses se sont appliquées à son sein, et son lait s'échappe abondant et fort, et toujours des lèvres avides le boivent ; et la pauvre mère qui a compris, mais feint de dormir encore pour se figurer jusqu'au bout que l'ange envolé est redescendu du ciel, la pauvre mère sourit à son tour.

Le lendemain, la mère de l'enfant fort, avec ce tutoiement qu'entraîne la communauté de misère, s'adressa à sa triste voisine, timidement, comme si elle se reprochait d'avoir profité de la nuit pour lui voler son lait.

— Tu as bien dormi, lui dit-elle.

— Oui, fit l'autre; et suppliante elle ajouta : « Dans la journée, veux-tu que je rêve encore qu'*il* est revenu? »

Et elle montrait son sein superbement gonflé, son sein veuf de nourrisson.

— Tiens, répondit la femme en lui tendant son fils.

Et les deux mères eurent de douces larmes...

Et c'est un exemple touchant que celui-là.

Mais la visite est achevée : le cortège a quitté la salle; laissons ses hôtes à l'intimité de leurs soins de toilette, et saluons d'un sourire ému, cette file indienne des accouchées de demain, qui, drapées dans leur capote d'hôpital, s'en vont au bain, les chairs alourdies, les hanches pesantes de tout le poids des maternités futures.

CHAPITRE XXIV

L'ambulance urbaine. — Les épaves de la rue.

Il est deux heures du matin : la pluie tombe
froide et tenace, faisant des pavés des miroirs
où la lueur des becs de gaz se réfléchit et
s'allonge. On entend un son de timbre qui se
rapproche et qui bientôt retentit à la porte de
la Cité de misère : Dans le calme de la ville
endormie, sa note avertisseuse et triste a pu
être suivie, du haut de la rue Grange-aux-Belles
jusqu'au point d'arrivée, rue Bichat. On ouvre
les portes de fer : c'est la voiture d'ambulance
urbaine qui rentre. Le cheval, sentant sa
remise, piaffe et fait le beau, en dépit de l'eau

qui lui trempe le poil. Les deux lanternes semblent deux grands yeux quêteurs dans l'ombre : le petit drapeau, fixé à l'un des côtés, balance la croix rouge de Genève : la croix des apaisements et des consolations ; le symbole humain venant au secours des choses inhumaines. Le cocher est enfoncé dans son caban ; les rênes lui collent aux doigts et lui brûlent la paume de la main.

Devant le guichet de réception, à lanterne rouge, comme celles des commissariats de police, la voiture s'est arrêtée. L'interne, qui s'y trouvait, sur son étroit strapontin, a sauté lestement à terre. Les brancardiers descendent ensuite un corps, qui, engourdi par un premier pansement, semble endormi sur le lit d'osier de l'ambulance.

Ce corps est celui d'un homme jeune, d'aspect misérable, que des passants ont aperçu au coin d'un faubourg, tombé dans la boue, avec deux coups de couteau, au-dessous de l'œil et dans le ventre. Du meurtrier, il n'est pas question : c'est là l'écriture anonyme du crime, et ce corps ramassé n'est sans doute qu'une épave de ce torrent du vice qui roule des faubourgs et rejette sur le trottoir les fleurs du mal, flétries à son infection.

Le corps est conduit dans une salle : un fallot éclaire le chemin, et le cortège sommaire, dont on devine les acteurs plus qu'on ne les voit, vous donne l'impression poignante d'une chose que l'on sait vraie et que l'on croit à peine vraisemblable ; c'est le réel, donnant la sensation de l'irréel.

Mais le téléphone vient de crépiter : on y communique une adresse. La voiture de l'ambulance urbaine repart au grand trot, pour la direction indiquée. Et toute la nuit — il y a des nuits qui sont marquées pour le sang ! — toute la nuit il en sera ainsi. A mesure que sonneront les heures, les portes de l'hôpital se rouvriront devant des hommes et des femmes, jeunes ou vieux, contre lesquels la haine, la jalousie ou l'intérêt auront fait agir le couteau, le revolver ou le vitriol. On ne sait pas assez ce qu'en une nuit Paris voit chanceler, sur ses pavés. de victimes de tous les crimes, de toutes les infamies, de toutes les détresses. Il faut avoir suivi dans l'ignominie des repaires et des taudis, le médecin et le commissaire appelés là par leurs fonctions, pour se rendre compte des mystères sanglants que peut abriter une grande ville, et des turpitudes qu'elle est capable de dérober à jamais à l'attention de la justice !

Et chaque retour de la voiture au timbre clair qui tintinnabule dans la nuit, par les rues désertes, donnera lieu à un cortège sinistre. Oh ! les victimes ! Quelles visions doivent assaillir leur sommeil, leur assoupissement, pendant cette première nuit d'hôpital. Peuvent-elles espérer le retour à la santé, après le coup qui les a frappées, ou bien sous le tissu des compresses et l'étranglement des bandes sentent-elles la vie s'échapper goutte à goutte, comprenant parfois ce qui s'est passé ; mais souvent aussi ne sachant ni quelle main les a atteintes. ni quelle volonté a guidé cette main.

Quoiqu'il en soit, l'ambulance urbaine a ceci d'avantageux qu'elle permet de porter secours avec plus de rapidité; qu'elle permet de porter des secours là où les passants seraient peut-être demeurés indifférents, si la pratique de l'ambulance n'était pas si aisée. Et l'on doit savoir infiniment de gré au docteur Nachtel, d'avoir installé à Paris ce service, avec quelle ténacité, on ne l'a pas oublié. Si pendant les heures de nuit, les ambulances sont employées à des besognes singulièrement dramatiques, il n'en est pas de même pendant le jour. Certes, il leur arrive bien d'avoir à transporter des victimes des brutalités passionnelles, mais le plus souvent elles sont demandées à la suite d'accidents survenus dans le mouvement trépidant de la rue : ce sont des écrasés, tombés aux carrefours, des blessés du travail et de l'usine, des gens qu'un heurt violent, dont ils n'ont pu se garer, a contusionnés. Parfois aussi ce sont des misérables, écroulés sur la voie publique, à bout de forces et épuisés par les privations et la faim.

Il y aurait donc un intérêt immédiat et pressant à ce que les ambulances du docteur Nachtel eussent des postes dans tous les quartiers de Paris, et que leur service fût assuré par un nombre raisonnable de voitures. Pour cela il suffirait qu'un crédit, relativement peu élevé, fût inscrit au budget municipal.

Cela permettrait, en outre, d'effacer du règlement des ambulances urbaines, les articles où sont défendus les transports des malades atteints de certaines maladies, telles que les affections épileptiformes. S'il est un spectale, en effet, qu'il soit urgent de ne pas laisser se prolonger dans la rue, c'est bien celui des malheureux atteints de ces crises terribles, qui constituent à la fois un danger pour le malade, et une atteinte à la morale publique. Je me souviens d'avoir vu dans la rue Drouot, à quelques cinquante mètres d'une pharmacie et de la mairie, un homme qui se roulait et se tordait dans le ruisseau, et qui, sous l'effort et la violence de la crise, s'était débarrassé, en les déchirant, des pièces les plus indispensables de son vête-

ment. Et le public fermait le cercle autour de
ce malade, éprouvant je ne sais quelle malsaine
curiosité, à la vue de nudités aussi inconscientes qu'indécentes. Quand on parla, au début
de la crise, de demander une ambulance urbaine.
un agent répondit que le transport, pour un tel
cas, serait refusé; et l'on dut attendre la fin
des convulsions pour soustraire cette laideur
obscène aux regards de la foule.

Mais c'est là une remarque que je note en
passant, et je ne pourrais insister sur l'utilité
et le fonctionnement des ambulances urbaines,
sans sortir du cadre que je me suis tracé.
Dans notre Cité de misère elles ne doivent
s'offrir à l'observateur qu'au point de vue
épisodique; elles sont le véhicule des épaves
de la rue conduites au refuge.

CHAPITRE XXV

Profils retrouvés.

———

a. — *L'homme à la houe.*

Il y a dans l'œuvre du grand artiste, qui a nom François Millet, une page maîtresse que l'on ne peut comprendre exactement, que si le hasard d'une promenade aux champs vous a mis en présence du modèle : c'est l'*homme à la houe.*

Au milieu du sillon fraîchement ouvert, l'homme s'est arrêté : le dos déjà ankylosé par le labeur quotidien, le visage hâlé, les bras lourds, il s'appuie, debout, de ses deux mains épaisses et calleuses, au manche de sa houe. Devant lui, la campagne se déroule, monotone et grise, avec ses sillons alignés et parallèles, que l'éloignement, par l'effet des perspectives, semble réunir. Le ciel est calme; sur les collines, dentelées à l'horizon, le jour descend lentement, plein d'harmonie et de silence.

Et l'homme regarde... regarde!... ses yeux embrassent tout le panorama. Mais, ses yeux voient-ils? L'homme à la houe, dans cette minute de repos, n'a-t-il pas plutôt les regards ouverts sur lui-même? N'est-il pas tout entier à un recueillement intérieur? Sa pensée n'est-elle pas absorbée dans une de ces méditations inconscientes, où l'âme s'envole dans l'infini, sans objet déterminé, poursuivant je ne sais quoi de vague, qu'aucune langue humaine ne saurait traduire.

L'image de cet homme, courbé sur la glèbe, a comme une expression de brutale et sereine inintelligence, et l'aspect en est déplaisant, pour ceux qui ne savent pas y reconnaître une pensée de réalisme vécu, une sorte de document humain, longuement étudié, une synthèse, presqu'un symbole, de la vie aux champs, dans son retour éternel de fatigue et d'abrutissante uniformité. Eh bien, l'*homme à la houe*, ceux qui ont visité l'hôpital Saint-Louis l'ont certainement reconnu. Il est là, dépouillant à l'instant du travail la capote marron, les jambes prises dans un pantalon de labeur, le torse protégé par une chemise de grosse toile, les pieds façonnés au poids lourd des sabots.

Il est là, la tête aux cheveux rudes et ras, arrêté parfois dans son labeur de jardinage, où il trompe ses appétits de culture, les deux mains serrées aux manches de la houe.

Son histoire? Une histoire banale.

Un jour, un mal, qui ronge et qui s'étend, lui a attaqué le visage, et son masque est devenu une large plaie, inguérissable, intolérable, repoussante. Et pourtant c'était un gars solide, bien constitué, bien portant même : d'une conduite honnête et saine. Mais, il y a dans la sève où s'alimente la vie, des excès et des ferments qui font germer la matière, et l'exaspèrent.

Est-ce que l'arbre lui-même n'a pas ses maladies, que nous ne comprenons pas, ses laideurs qui nous échappent, ses hontes que nous ne savons ni deviner, ni traduire?

L'homme avait donc subi l'atteinte envahissante du mal, et tous ceux qui l'entouraient, après les railleries sans pitié des cœurs durs et des chairs indemnes, se détournaient; et ses bêtes elles-mêmes semblaient avoir peur de lui : et tandis qu'il menait son labour, par les journées au soleil vivifiant, les insectes venaient avec des bourdonnements méchants, harceler ses purulences et envenimer les cuissons dolentes de ses joues.

Alors, en proie à un martyre entrevu sans fin, désormais isolé, désormais exilé au milieu des siens et de tous, rejeté vivant hors de la vie, l'homme s'en vint au refuge; il vint demander à la science un remède; à l'hôpital, un lieu de retraite : la science et l'hôpital lui firent l'accueil qui réconforte.

Avec les soins, la plaie se durcit; mais le

visage demeurait horrible à voir, et comme le
séjour se prolongeait, l'âme de l'exilé s'assom-
brit; le malheureux se laissa envahir par un
désespoir irritant. Jamais il ne pourrait retourner à son foyer; jamais il n'oserait reparaitre
sous le chaume où avaient retenti ses premiers
vagissements : il était bien désormais, et pour
toujours, comme une bête malade que l'étable
repousse dans un hoquet; et c'était la terre
qui lui était refusée, la terre ingrate qui vous
épuise un homme, mais que cet homme aime
malgré tout, malgré les fatigues inexorables,
en échange desquelles elle lui rend une bou-
chée de pain.

Le médecin ne comprit pas tout d'abord ce
qui pouvait affecter ainsi le malade; il ne devina
pas que l'inactivité pouvait être pour lui une
aggravation de mal, et que l'habitude du labeur
quotidien, une fois rompue, s'était transformée
en une véritable privation de ce labeur quotidien.

Un jour, enfin, on eût l'explication jusque-là
vainement cherchée, et on accorda au mal-

heureux l'autorisation de travailler la terre.

Ah ! ce fut pour lui une heure d'ineffable joie, que celle, où, après les longs mois de soins, il sentit, dans ses mains, les outils de jardinage et de culture, la pelle, la houe, la faux, le râteau, etc. ! La bordure des iris, les plans de gazon, les corbeilles de plantes, et le coin de jardin maraîcher, offraient à son désir, si longtemps contenu, une matière assez ample pour le satisfaire. Et c'est pourquoi, suivant la saison, on le voit, courageux et fidèle à la tâche, semer ses graines, ou retourner la terre, ou couvrir de fumier les plans en friche, ou élaguer les bordures des folles herbes, heureux, oui, heureux d'une joie résignée et reconnaissante !

Et maintenant c'est tout un monde qui s'épanouit autour de lui ; dans cette nuit de tristesse qui semble l'envelopper, il suit les scintillements clair d'une étoile, l'Espérance, et c'est en son honneur qu'il fait éclore sous ses mains obstinément laborieuses, les parfums de ses fleurs bien-aimées.

b. — *Un beau cas.*

On a dit souvent que les hommes de science,
médecins et chirurgiens, étaient tout disposés
à admirer certains cas très rares soumis à leur
diagnostic, et cela au détriment de la pitié due
aux malheureux chez qui ces cas très rares se
rencontraient. Il pourrait y avoir sur un pareil
sujet matière à discuter — je ne dis pas à blâ-
mer — si les malades eux-mêmes ne nous en
fournissaient pas la raison.

Or, qu'on le sache bien, lorsqu'il se présente
un cas extraordinaire à peine prévu par les traités de nosographie, ce n'est pas l'homme de
science qui commence à admirer cette douloureuse particularité, mais le malade lui-même
qui en est atteint ; et il est très heureux qu'il
en soit ainsi.

Être un beau cas, au milieu de toutes les affections banales — banales parce qu'elles sont fréquentes — qui encombrent les cliniques, c'est une grâce toute providentielle, que la pitié ne va pas jusqu'à souhaiter aux malades, mais que la raison ordonne d'accueillir avec reconnaissance.

Le beau cas, en effet, a une situation toute spéciale, non pas à l'hôpital, où on pratique, quoiqu'on en dise, une véritable égalité, mais vis-à-vis de lui-même ; il se crée des préoccupations qui le détournent de ses souffrances effectives ; il a pour son mal une sorte d'indulgent respect, qui est presque de l'amour-propre ; il est quelqu'un, il se distingue au milieu de tous les autres malades.

Et cela est essentiellement humain. Ecoutez plusieurs personnes qui s'entretiennent de leurs petites infirmités. Au lieu de cacher ses imperfections physiques, douleurs et accidents, chacune les étale au jour d'une minutieuse description ; chacune prend plaisir à exagérer ce qui est son lot, à transformer le moindre bobo en une

affection caractérisée ; s'efforçant ainsi de dé·
passer les souffrances du prochain.

Et n'allez pas croire que ces mensonges
inconscients aient pour but de surexciter la
pitié ; ils sont nés, au contraire, d'un sentiment
spécial, où le besoin de paraître et de s'imposer
s'affirme jusque dans les circonstances les plus
pénibles de la vie.

Dans la *Cité de misère*, dont nous faisons
ensemble, je ne dirai pas l'exploration, mais
le pèlerinage, ce qui indique mieux dans quelle
pensée de pieuse gratitude je m'y suis attaché.
dans cette Cité de misère, j'ai rencontré un
beau cas, le plus étrange qui soit.

C'était un homme de trente-cinq ans, bon
ouvrier, bon mari, bon père de famille ; un
grand gaillard, né en pleine campagne, vivant
en province d'une vie laborieuse et régulière et
saine, et présentant toutes les apparences
d'une santé robuste.

Un matin, il sentit un étrange malaise qui
l'engourdissait à son établi. Il avait bien éprouvé
depuis quelques mois des douleurs endormies

dans son être, mais il les attribuait à la fatigue professionnelle, sans y attacher d'autre importance.

Il lui fallut aller consulter le médecin de l'endroit. Celui-ci ne comprit rien au mal et ne voulut pas formuler de diagnostic. Un confrère fut appelé : même réserve prudente de la part de ce second praticien.

Comme l'affection se développait rapidement, envahissant la ceinture, les aines, les reins, il fut décidé que le malade irait consulter les célébrités de Rochefort. Ces célébrités furent muettes ; elles constatèrent bien une sorte de rétraction des téguments, d'anesthésie de la peau, etc. Mais rien de précis, rien de certain qui permît d'asseoir une médication.

De Rochefort, le malade fut envoyé à Bordeaux. Il s'agissait d'un cas exceptionnel, et notre homme, bien qu'un peu inquiet, commençait à s'intéresser à ce mal mystérieux, que des médecins, très justement réputés, affirmaient n'avoir jamais rencontré.

A Bordeaux, il y eut consultations sur consultations ; les diagnostics se combattirent l'un l'autre ; on était peut-être en présence d'une dermatosclérose, mais laquelle ? Et le peut-être qui planait sur toutes les opinions était troublant à ce point que le malade fut adressé à des médecins de Paris.

Là, il y eut encore des doutes, et les praticiens, devant les aggravations journalières du mal, sur lequel les traitements curatifs restaient impuissants, invitèrent le beau cas à se transporter à l'hôpital Saint-Louis « le seul endroit, disait un des docteurs, où l'on connaîtrait l'anatomie pathologique du mal. »

En effet, MM. Lucas Championnière, Vidal et L. Brocq établirent un diagnostic certain.

Alors commença pour le malade une vie nouvelle. Il fut soumis à un traitement des plus pénibles, un traitement qu'il savait être long, avec des chances problématiques de guérison. Il supporta toutes ces tortures avec un courage sans défaillance, une volonté d'être brave jusqu'au bout, qui parait invraisemblable quand on a vu à quel degré de douleur le poussaient les séances d'électrolyse répétées plusieurs fois par semaine.

Et pourquoi tant de force au milieu de tant de souffrance? Simplement parce que c'était un beau cas ; parce que les princes de la science qui le soignaient, M. le Dr Vidal et M. le Dr Brocq l'enveloppaient de leur autorité qui rassure et de leur dévouement qui réconforte ; parce que, aux jours de visite, le lit du beau cas était entouré de médecins venus de partout pour le voir, de Madrid, de Londres, de Stockholm, de Copenhague, de Saint-Pétersbourg et de New-York ; parce que les jours de clinique, le beau cas était appelé, pour être examiné par une société de savants ; et si parfois on félicitait le docteur traitant du résultat obtenu, après des mois et des mois, le malade était reconnaissant à tout ce monde, non de l'intérêt qu'on lui portait, mais des éloges adressés à *son* guérisseur, oubliant ses tortures et ses longues heures de patience courageuse, pour ne plus voir que cet homme qui s'était dévoué à lui, lui le problème, lui le mystère.

24.

Quand le beau cas n'avait ni visite médicale, ni clinique, il -allait aux autres malades, aux gens qui venaient le voir amicalement et il leur montrait son flanc, brodé de piqûres électriques et de pointes de feu ; il soulevait l'emplâtre recouvrant le mal ; il refaisait pour son auditoire improvisé la leçon prononcée à son lit par le maître, forçant chacun à tâter les indurations, à constater leurs mesures plus restreintes, et la souplesse des tissus si lente à revenir ; et dans le long récit des peines vaillamment supportées, ce n'était pas sa force de volonté qu'il voulait faire admirer, mais le savoir et la ténacité de *son* médecin, attaché à dompter *son* beau cas.

Et quand je songe à ce brave homme qu'un hasard malheureux a atteint de si rude manière, je ne puis m'empêcher de penser qu'il y a réellement une Providence pour éveiller en l'esprit de si profondes consolations à de si profondes misères.

c. — *M'amie.*

Quand je l'ai connue, elle allait avoir sa retraite ; depuis vingt-sept ou vingt-huit ans elle était infirmière de l'Assistance publique de Paris. Son vrai nom, je ne le sais pas et n'ai pas voulu le savoir. Dans tout l'hôpital on l'appelait *M'amie*, et si l'on mesurait l'héroïsme, non pas au bruit fait autour d'un individu, mais à la valeur de son dévouement et de son abnégation, certes, le surnom de *M'amie* serait un surnom héroïque.

Toute jeune, elle était entrée à l'Assistance, fille de la campagne venue à Paris chercher une condition ; et le hasard lui avait offert une tâche auprès des malades. Ce n'étaient pas les honoraires qui avaient dû la tenter : on sait que l'Assistance n'est pas prodigue pour le person-

nel humble des besognes obscures et écœurantes : vingt-cinq francs par mois, le logement
et le manger.

Ce n'était pas non plus le service où on l'avait
enrôlée qui était capable d'exercer sur son
cœur jeune et débordant de vie, d'attachantes
séductions : on la fit épileuse.

Épileuse? vous savez, une chose ingrate. Il
s'agit d'opérer sur la tête des enfants atteints
de favus, de trichophytie ou de pelade, les traitements prescrits pour leur guérison; il s'agit
de pratiquer les raclages, les lavages, l'épilation, à l'aide d'une pince à mors plats, et les
applications de pommades, et de compresses,
et d'emplâtres, suivant la méthode adoptée par
le chef de clinique.

Or, l'épilation est une opération délicate et
douloureuse, puisque chez de certains enfants,
on est obligé d'anesthésier les plaques à épiler
avec des pommades à la cocaïne; c'est aussi
une opération longue, puisqu'il faut que les
cheveux malades soient arrachés un à un, et
qu'une raie assez large de cheveux bien por-

tants soit laissée libre autour de la plaque traitée.

M'amie, avec ses histoires enfantines, et ses vieux contes de l'âtre, et ses charades en patois, avait su, dès le premier jour, s'emparer de l'amitié, de l'affection de ses petits teigneux. Et quand elle était de service, — son service l'appelait tous les jours, soit à Beaujon, soit à Saint-Louis, soit dans un autre établissement hospitalier, — c'était fête pour ses épilés : les séances avec elle paraissaient courtes ; elle avait toujours de si belles choses à raconter à sa malheureuse clientèle.

A Saint-Louis, particulièrement, auprès des teigneux gardés pensionnaires, garçons et filles, M'amie était adorée ; ce que ni les religieuses, ni les autres infirmières n'eussent obtenu, M'amie l'obtenait, sur un simple désir. C'est que, pour l'humble fille, dévouée à tout ce qui était malheureux, ces enfants malades pour des mois, parfois pour des années, étaient ses enfants, et elle se multipliait pour être tout entière à tous, pour leur rendre l'illusion de la famille absente, pour les amuser, pour leur élever aussi le cœur, par son seul exemple de femme simple, et par conséquent de femme forte.

La guerre arriva. Les blessés et les malades furent si nombreux, que les temples de Dieu furent transformés en ambulances ; les murs habitués à entendre monter les litanies saintes, retentirent de cris de douleur, de gémissements, d'agonies !

M'amie eut sa place au lit de ces blessés. Dans la chapelle de l'hôpital, elle passa des jours et des nuits auprès des soldats épuisés, épongeant, malgré le froid qui vous glaçait les moelles, la sueur que la torture faisait perler à leurs tempes, apportant les potions qui sauvent et les aliments qui soutiennent, — les aliments à cette heure où les valides manquaient de vivres, — trouvant aussi dans son âme des paroles qui adoucissaient les abandons muets et les adieux suprêmes.

Après la guerre, après le siège, M'amie, fatiguée, épuisée à son tour, reprit cependant sa tâche d'épileuse qu'elle exerça vingt-trois ans. Pourquoi pas une période plus longue, direz-vous? Parce que l'épilation se faisant à la loupe, M'amie avait petit à petit perdu ses bons yeux; elle n'y voyait plus, ou presque plus, et cette femme, maigre et nerveuse, toujours solide à son poste, devenait à son tour une invalide, — une invalide du travail, s'il en fût.

Bien à regret, et regrettée aussi de ses chefs, elle dut céder à une autre, — à une de ses élèves, car elle a fait école, — la loupe et la pince à mors plats. On lui confia un autre poste d'infirmière où elle eut à donner des soins de ménage, sans l'enlever tout à fait cependant à ses petits malades, qui tenaient à elle par la gratitude, comme elle tenait à eux par son cœur sevré des joies maternelles.

C'est là sa dernière station de service actif; elle aide au service de la cuisine, assiste la mère, dans la distribution des aliments à la table des malades, donne un coup de plumeau aux chambres de son étage; et le soir, après une longue journée de besogne, commencée avant qu'il fasse clair, elle va retrouver dans un dortoir le lit où elle goûte quelques heures de repos et de recueillement. Et voilà vingt-sept ans que cela dure, vingt-sept ans de cette vie monotone et étiolante, au milieu de l'égoïsme des gens qui souffrent, de l'ingratitude de ceux qui guérissent, de la tristesse de ceux qui meurent; vingt-sept ans de cette soumission qui veut une égalité de douceur et de compassion, mêlée à une égalité d'obéissance; vingt-sept ans sans entrevoir le terme heureux à cette rude servitude, sans avoir le droit de manifester, un seul instant, de l'impatience ou de l'ennui!

Et M'amie, aujourd'hui vieillie, ne se plaint pas, au contraire. Elle voit arriver l'heure de sa retraite avec une joie mêlée de regret. Le regret, c'est pour les malades qu'elle devra quitter; la joie, c'est d'obtenir cette retraite. Et quelle retraite! Vous croyez peut-être qu'il s'agit d'une petite rente qui lui permettra de retourner au pays, et d'achever tranquillement sous le chaume qui la reçut au berceau, une vie si utilement remplie ! Nullement !

La retraite, c'est une place, un lit, dans un quartier, dit des *Incurables*, à la Salpêtrière. Avec le lit, la chambre à deux ou trois retraitées comme elle, M'amie aura droit à la nourriture ; mais d'allocation en argent, il n'est pas question. Et c'est tout, et M'amie trouve que l'Assistance est très généreuse de donner ainsi abri à son corps qui s'est épuisé à son service (1).

Et bien ! je ne partage pas l'optimisme de la pauvre et chère fille. Quand je songe à tout ce qu'elle a fait pendant ses longues années de service ; quand je récapitule les actes de dévouement qu'elle a accomplis sans compter ; quand je rapproche l'immensité du sacrifice, de la simplicité et de l'obscurité dont elle l'a enveloppé, se créant, pour ainsi dire, une habitude de vertu, et ne demandant d'autre récom-

(1) Pendant qu'on mettait ce livre sous presse, j'ai appris que M'amie avait obtenu sa retraite ; et je dois ajouter que M. Peyron, directeur de l'Assistance publique du département de la Seine, la lui a accordée, dans la forme la plus large permise par les règlements.

pense que la fidélité à sa foi de bien faire et que l'approbation de sa conscience, je ne puis m'empêcher de trouver chez elle de l'héroïsme, et cet héroïsme-là, c'est le plus beau, car il est le plus désintéressé de ce qui peut amener les joies humaines; il ne donne ni la fortune ni la gloire.

Et je voudrais qu'il y eut pour de pareils exemples, des récompenses exemplaires; non de l'argent, si l'État est trop pauvre pour payer de si précieux serviteurs, mais une distinction qui, au soir d'une si belle et si noble carrière, vint assurer publiquement ceux qui en seraient l'objet, de la reconnaissance nationale!

CHAPITRE XXVI

Fleurs et bêtes : Les iris et les chats.

La *Cité de misère* pourtant, sert encore d'asile à deux espèces, dont les individus ne semblent pas se douter de l'endroit où ils sont : comme si, par un ingénieux caprice d'humanité, on avait voulu indiquer aux hospitalisés que la vie calme et luxuriante peut s'abriter dans cette enceinte où l'on vient achever de souffrir.

Je veux parler des fleurs et des bêtes ; des iris et des chats.

Les bâtiments de l'hôpital, en effet, sont enveloppés d'une ceinture d'iris. L'hiver, cette bordure ne laisse voir que des lianes jaunies et séchées, mêlant leur désolation de feuilles mortes aux sombres taches du fumier, — cet édredon de l'*humus*, — mais l'été, c'est un enchantement : les iris sont fleuris, mettant au pied des murs attristés, la gaîté de leurs mille couleurs, faisant chanter pour ainsi dire l'harmonie de leurs diaprures, comme un cantique silencieux et berceur, autour des lits où s'accomplissent les douleurs prolongées et les désespérances sans retour.

Non ! plus de désespérances sans retour ! Les fleurs irisées, que la messagère des dieux a baptisées de son nom, ces belles fleurs aux senteurs discrètes, parlent d'amour et de joie. Elles ont eu, au temps des frimas, leur mélancolie et leur misère ; mais les boutons se sont éclos au baiser d'avril, et les voilà, à leur tour, messagères des jours nouveaux, des chaleurs vivifiantes, des longues nuits tièdes, endiamantées d'étoiles !

Elles vous disent, ô chers malades, que l'heure des épreuves cruelles est passée, que vos âmes, qui se sont fermées à tout rayon de joie

sont des boutons capables de s'épanouir encore
au soleil de la vie ; elles vous montrent que,
dans leur justice immuable, elles n'ont pour
vous, les déshérités, ni moins d'éclat, ni moins
de parfums, que dans le jardin au sable foulé
par des pieds de duchesse ; sous votre main
fiévreuse qui les cueille, elles ont les mêmes
frissons, les mêmes coquetteries ; elles sont
comme un symbole d'une égalité suprême, qui
a l'infini pour mystérieux distributeur !

Les iris ne sont pas les seuls compagnons
des malades : de quelque côté que l'on se
tourne dans les cours de l'hôpital, on aperçoit
des chats, des chats de toute couleur et de
tout poil, angoras, demi-angoras, et prome-
neurs de gouttière. Ils vont, viennent, traversent les buissons, grimpent aux arbres, flairant
en philosophes, comme le renard de la fable,
les odeurs de la cuisine, dont l'entrée leur est
interdite, satisfaits des rogatons qu'ils attra-
pent de-ci et de-là, s'offrant, sans partage, la
pâtée qu'une infirmière attendrie leur prépare
à heure fixe ; ne dédaignant pas, suivant l'hu-

meur où ils sont, une petite chasse à courre,
dont les souris et les rats offrent le gibier;
toujours calmes, indépendants, n'en faisant
qu'à leur tête, et consentant à prendre quelques habitudes, simplement par amour du régime, et pour ne pas donner à l'homme, dont
ils sont les hôtes — à moins qu'ils ne considèrent
en leur âme féline les choses sous un point
de vue opposé — une leçon de liberté, l'homme
étant, chacun le sait, l'esclave respectueux de
ses manies.

M. Alexandre Dumas fils, dans une préface
célèbre, a fait, après Moncrif, un tableau remar-
quablement juste de la psychologie féline :

« Le chat, dit-il, se respecte : il ne fait pas
d'avances ; il ne se laisse même pas prendre à
celles qu'on lui fait ; il ne demande rien ; il n'accepte ce qu'on lui offre que sous bénéfice d'inven-
taire ; il regarde ; il flaire ; il touche de la patte ;
il s'amuse. Il prend ce qu'on lui présente, il
considère que la chose lui était due, puisqu'on
la lui a offerte ; et si elle lui plaît, il fait comprendre par un mouvement gracieux qu'il en

accepterait encore volontiers. Jusque-là, il n'est ni empressé, ni hostile ; il reste impassible et neutre, désintéressé dans tout ce qui se passe autour de lui, tant qu'on ne lui a pas fait une provocation directe, auquel cas, il se retire lentement et fièrement, si c'est une attaque, non sans menacer de ses griffes ; ou il attend et observe, si c'est une caresse (1) ».

La nuit, dans leurs ballades au clair de la lune, les chats de notre cité ont d'amoureuses intrigues, et des jalousies dramatiques ; jusqu'au chevet des malades, montent du dehors des cris plaintifs et des cris de rage, des miaulements tendres et des soupirs passionnés. Tout ce monde à fourrure attend l'ombre pour vivre la vie sensuelle : alors les prunelles se dilatent et s'allument, le poil se hérisse, l'impatience des désirs occasionnent des courses folles, et de menaçants arrêts, et, à bout de ruse et de tactique, les félins, en d'éclatantes lamentations, dépeignent aux compagnes qu'ils appellent de

(1) **Page xv. Préface pour** *les Chiens et les Chats,* d'Eugène Lambert.

toute leur volupté, les angoisses d'une trop longue attente.

Alors, après des semaines, les chattes alourdies se rapprochent des mains qui les nourrissent : elles ont l'intuition que leur bête est intéressante pous tous, et le sentiment qu'elles possèdent de leurs devoir de maternité leur semble mériter de la part de chacun une parole d'encouragement et une caresse de pitié.

Un jour, dans un des pavillons de l'hôpital, une chatte, très proche de son terme, promenait sa panse gonflée le long de l'escalier. Chaque marche qu'elle montait l'obligeait à un effort et lentement, très lentement, les yeux bridés de fatigue, la pauvre bête gravissait chaque degré, allant de droite à gauche, prenant du temps, se recueillant vraiment, avant d'enlever sur ses pattes de devant, son arrière-train appesanti. Le chef de service passait en ce moment, se rendant à la clinique avec son cortège d'internes, d'étudiants, d'infirmiers. Il aperçut la chatte, et se tournant en riant vers la religieuse qui l'escortait :

« Ma mère, dit-il, voici une malade qui aura bientôt besoin d'un lit.

— Hé là ! monsieur le Docteur, répondit la sainte fille en caressant la chatte, c'est l'œuvre du bon Dieu ! je la soignerai ! »

Et je sais des malades qui, à soigner des fleurs et des chats, finissaient par ne plus trouver de plaintes pour leurs propres maux : la mère avait raison ; et, en étendant un peu le sens de sa réplique, les iris et les chats sont bien l'œuvre du bon Dieu.

CHAPITRE XXVII

Une bataille de rats.

Homère a chanté, — ou du moins on lui
attribue — une bataille de grenouilles et de
rats. Sa *Batrachomyomachie* a fait la joie de
tous les rhétoriciens. La bataille de rats qui
m'a été racontée n'a pas encore inspiré de vers
épiques, et pourtant elle ne manque pas de
grandeur : ceux qui y prirent part s'y condui-
sirent en héros. Je devais ne pas l'oublier dans
ce travail, et si nos combattants avaient des
noms, ces noms mériteraient certainement
d'être gravés en lettres d'or sur des tables de
marbre : ces rats défendirent l'honneur de la
Cité de misère, au péril de leur vie.

Les chats de l'hôpital Saint-Louis ne sont pas en effet que des rois fainéants, et par certaines soirées où l'air doit s'emplir pour eux d'odeurs de sang, ils vont « courre » le rat dans les caves et sur les gouttières.

Or, les chats n'étaient pas seuls à poursuivre les féroces rongeurs ; certains docteurs, très ennemis de leur race, avaient fait des prisonniers, et — voyez jusqu'où la malignité de la science peut aller — ils s'étaient promis d'essayer sur leurs captifs les effets d'inoculation du favus.

Des ratières avaient été disposées, et comme les appas sollicitaient vivement la gourmandise de la gent rate, beaucoup de bêtes s'étaient laissé prendre. C'était l'esclavage pour les vaincus. Un esclavage tolérable d'ailleurs ; dans leurs cellules, en effet, les prisonniers étaient servis avec toute sorte d'égards : bon souper et bon gîte ; rien ne leur manquait que la liberté, et pour les rats, fouilleurs d'égouts, la liberté devait avoir peu de prix à côté d'une nourriture saine et abondante, fournie à souhait et

26.

conquise sans effort. La honte de la défaite ne leur semblait plus qu'un préjugé rococo, et si quelques esprits grincheux voulaient voir dans cette tranquillité d'âme, une déchéance morale, ma foi, ni la honte, ni la déchéance morale ne pouvaient tenir devant un perpétuel banquet d'excellents reliefs : nos rats étaient très fin-de-siècle, et le *struggle for life* était entré pour eux dans une phase d'amollissante prospérité.

Mais voici que des médecins voulurent les faire servir à leurs études; voici que sur leur peau, habituée à tous les contacts repoussants, on tenta d'acclimater des parasites humains, de livrer leur fourrure à la dévastation du favus et de la trichophytie. C'en était trop. C'était gâter par un acte déloyal une victoire si courtoise; c'était découvrir derrière l'urbanité des procédés aimables, de lâches appétits de trahison. Il y eut un conseil, et le maître d'hygiène de la gent rate prescrivit des mesures énergiques qui enrayèrent absolument la prophylaxie du favus; les rats restèrent indemnes et triomphants. Ce fut une revanche, et le conseil municipal de Paris aurait pu, sans déroger, offrir un vin d'honneur à ces bêtes qui défendaient si énergiquement leur peau contre les projets malfaisants des princes de la science.

Eux, les princes de la science, demeuraient surpris et humiliés ; ainsi, des rats, de simples rats se refusaient à l'honneur de devenir des sujets d'étude ; en échange des procédés bienveillants dont ils étaient l'objet, ils opposaient une sourde rébellion, et une impassibilité qui n'allait pas sans être quelque peu chargée de mépris. Le coup était rude pour des hommes habitués aux succès.

Et les choses allaient en rester là, et on allait peut-être livrer les prisonniers à de félines cruautés, ou leur servir un brouet, qui, pour ne pas être lacédémonien, n'en aurait pas été moins indigeste, lorsqu'on apprit que des médecins de Lyon avaient découvert sur certains rats de leur cité des plaques caractérisées de favus.

Pour la science, tout espoir n'était donc pas perdu : vite, les spécialistes de l'hôpital Saint-

Louis demandèrent qu'on leur fit parvenir quelques-uns de ces précieux rongeurs, à qui une collaboration expérimentale ne répugnait pas. J'ignore si le marché se conclut contre une riche rançon; mais ce qu'il y a de sûr, c'est que quelques jours après, des caisses arrivaient de la vieille cité lyonnaise, et que les nouveaux prisonniers de la ville de Paris étaient accueillis avec enthousiasme dans les laboratoires de l'hôpital Saint-Louis.

Quand ils eurent fait connaissance avec leurs nouveaux hôtes, et qu'ils leur eurent laissé le temps de se reposer, les dermatalogues procédèrent à leurs insidieuses inoculations, et, après une période d'incubation et d'évolution assez courte, ils constatèrent avec joie que les rats lyonnais étaient sérieusement contaminés. Ceux-ci présentèrent d'abord de légères desquamations; puis il se produisit une rougeur érythémateuse, puis une desquamation pityriasique. Le parasite avait abondamment proliféré. On remarqua bientôt le godet favique; la maladie était constituée. Les docteurs exultaient. Les rats, eux, songeaient à la patrie absente; ils regrettaient le bruit des métiers à tisser la soie, ce bruit qui les berçait dans les crevasses humides où s'était écoulée leur enfance; d'aucuns, pour tromper leur ennui, se remémoraient les sonnets du grand Lyonnais Soulary, ou quelque fragment d'histoire, rongé, un jour de famine, dans un débarras de la bibliothèque; mais tous étaient atteints, et tous à la misanthropie qui les envahissait, sentaient se joindre d'insupportables démangeaisons. Tantôt immobilisés dans une vague rêverie, tantôt entraînés par une course furieuse qui les faisaient se cogner aux limites étroites de leur prison, ils avaient de languissantes impatiences et de mornes angoisses. Leurs bourreaux n'en avaient cure.

Un jour, les portes s'ouvrirent, et des mains — des mains savantes autant que criminelles — poussèrent chez les rats lyonnais contaminés, la fière légion des rats parisiens, qui, nous nous en souvenons, étaient restés indemnes. Ces messieurs de la science, en agissant ainsi.

avaient spéculé sur l'aveuglement des passions ; ils s'étaient dit que la chair est faible, que les rates lyonnaises auraient bien quelque charme pour les rats parisiens, et que les rates parisiennes auraient sûrement d'irrésistibles coquetteries pour les rats lyonnais.

Combien de tels calculs étaient faux !

A peine les rats parisiens eurent-ils reconnu le piège qu'on leur tendait, qu'ils tombèrent à pattes raccourcies sur les faviques lyonnais, et ce fut une épouvantable mêlée. Les rats parisiens, avec leurs ongles, avec leurs dents, arrachaient sur le dos de leurs adversaires les plaques malades qui devaient servir à la contagion : et c'était un élan furieux ; parfois acharnés sur l'ennemi vaincu et pantelant, ils se repaissaient de son mal, dans une épilation qui allait jusqu'au sang ; parfois ramassés sur eux-mêmes, dans l'attitude du chasseur à l'affût, ils guettaient leur point d'attaque, puis s'élançaient d'un bond, superbes d'audace et de férocité. Sur le sol déjà des cadavres se refroidissaient ; des queues, coupées dans une mutilation méprisante, gisaient inertes, et à la douleur des cruelles blessures les vaincus buvaient jusqu'à la lie cette coupe de honte de ressembler au chien d'Alcibiade.

Enfin, après une lutte des plus acharnées. lorsque l'œuvre des savants eut été détruite sur le dos des lyonnais faviques, l'élan se ralentit; les derniers corps à corps se dénouèrent: les incisives lâchèrent prise; les pattes se détendirent par lassitude,

Et le combat finit faute de combattants!

Et qui sait si dans le camp des vainqueurs, où le courage compta nombre de Rodrigue, il ne se trouvait pas aussi quelques Chimène!

Mais cela n'est plus du domaine de la pathologie, et les docteurs ne se sont pas appliqués à ce genre d'observations.

CHAPITRE XXVIII

**La vie et la mort. — La résignation et le mysticisme.
Liberté, Charité, Humanité.**

> Plutôt souffrir que mourir !
> LA FONTAINE.

Nous voici arrivés au terme de notre voyage, et, à l'instant de franchir le seuil de la grande porte, je sens un besoin de me recueillir. Il s'est déroulé sous nos yeux tant de spectacles, et des spectacles si divers, que je veux ressaisir mon âme ballottée à toutes les sensations de tristesse et d'angoisse.

J'ai surpris au passage des cris de dégoût et de découragement ; j'ai entendu dire, à l'examen de certaines horreurs : « Mieux vaudrait mourir ! » et ceux qui traînaient ces horreurs se débattaient pourtant, de toutes leurs forces défaillantes, contre l'épouvantable torture de leur mal, se rattachant à la vie, par cela même qu'elle avait de douloureux et de cruel, plutôt que de se laisser glisser dans la tombe, béantement ouverte devant eux. J'ai vu aussi la vie plus effroyable que la mort ! J'ai été contraint de reconnaître une âme dans des chairs que le néant avide rongeait lentement, et qui ne semblaient plus un corps humain ; et dans cette âme brillait encore l'étincelle vivace de la foi.

Alors, au tableau de ces résignations géantes et de ces dévouements que rien n'égale, j'ai vu se dresser devant moi cette double énigme : « la Vie ! la Mort ! » et je me suis interrogé.

Pour ceux qui ont un foyer, et dont le sang est fort, la vie, comme le dit un moraliste anglais, est un roman commencé et achevé par deux pages blanches : l'enfance et la vieillesse. Calderon, plus sceptique, s'est écrié :

« Qu'est-ce que la vie ? une illusion ! Qu'est-ce que la vie ? une ombre, une fiction ! Et c'est pourquoi le plus grand de tous les biens est peu de chose, puisque ce bien, la vie, n'est qu'un rêve, et que les rêves ne sont que des rêves ! »

Mais Calderon appelle encore la vie « le plus grand de tous les biens ».

Métastase est plus désolé, s'il est plus vrai.

« Pourquoi chérir la vie ? s'écrie-t-il. Quels plaisir nous offre-t-elle ? Toute fortune est un supplice, tout âge un martyre. Enfants, nous tremblons sous la menace d'un regard ; adultes, nous sommes le jouet de l'amour et de la fortune ; vieillards, nous gémissons sous le poids des ans ; tantôt tourmentés par le désir d'avoir, tantôt assaillis par la crainte de perdre. Les méchants sont perpétuellement en guerre avec eux-mêmes ; les bons luttent contre la fraude et l'injustice. Chacun de nos soucis n'est qu'une ombre, un délire, un songe, une folie ; et à peine avons-nous conscience de notre honteuse erreur, qu'il faut mourir. »

Voilà la vie, telle qu'elle est pour la généralité des individus. Mais pour ceux que les misères physiques conduisent aux lits de l'hôpital ; pour ceux qui sont obligés d'enfermer leurs laideurs purulentes dans les établissements de l'Assistance publique qui leur donne la retraite et les soins, qu'est-elle alors, la vie ? Qu'est-elle cette chose, source de tous les biens et de toutes les douleurs, de toutes les joies et de toutes les amertumes, sinon un insupportable fardeau, qu'on n'a ni la force ni le courage de secouer d'un coup d'épaule ?

« La vie est un pont, a écrit Méidani, et quelles que soient les tempêtes qui nous assaillent, dans sa traversée, quel est celui d'entre nous qui ne fait pas tous ses efforts pour s'y attarder. »

C'est qu'en face de la vie, dont nous connaissons les charges, en face de la vie, de l'autre côté du pont, il y a la mort, la grande inconnue, la mystérieuse mangeuse de chairs refroidies, la destructrice invisible qui nous suit et tourne sans cesse autour de nous ; celle qui nous oblige à dormir sous sa bannière, suivant l'expression de Rojas.

Certes, il est des philosophes pour attendre la mort avec curiosité ; il en est qui, étouffant en eux les sentiments qui rendent cuisants les déchirements de la dernière heure de vie, s'élancent dans l'infini de la tombe, où ils ont rêvé l'éternel bonheur d'une résurrection.

Mais parmi ceux qui n'ont pas tourné leur regard vers l'au-delà, qui ne sentent en eux qu'un seul être, et non l'union de deux êtres dont le pacte doit un jour s'altérer et se rompre ; parmi ceux dont le cerveau, fermé à l'essor de la pensée, ignore le haut vol des aspirations métaphysiques ; parmi les humbles, en un mot, combien dans la mort voient une délivrance ? Pour ceux-là, la vie est tout, la vie, quelle qu'elle soit, la vie avec son cortège inévitable et pénible.

Ce qu'ils veulent, et c'est là que tendent tous leurs efforts, tous leurs désirs, c'est retarder aussi longtemps que possible le froid baiser de la camarde. « Nous-mêmes, a écrit

Franklin avec une sage vérité, nous-mêmes, en certains cas, nous mettons notre prudence à chérir une mort partielle. Si un membre estropié et incurable cause des douleurs aiguës, on le coupe ; si une dent fait mal, on l'arrache pour arracher le mal avec elle. Quant à celui qui est séparé de son corps tout entier, il se trouve affranchi, tout d'un temps, et de la souffrance, et de la possibilité même de souffrir. »

Mais allez donc chanter la gloire de cet affranchissement-la ! Allez donc auprès des malades, déchirés par mille tortures, lambeaux mutilés de l'ensemble qu'ils furent, allez donc poser cette question: « Voulez-vous mourir ? » et bien vite, au prix d'un nouveau martyre, ils mettront ce qu'il leur reste de force à vous supplier de les faire vivre encore. La Fontaine et les autres fabulistes de tous les temps, Babrius, Esope, Phèdre, ne se trompaient pas : « Plutôt souffrir que mourir ! » voilà bien la devise de l'humanité, et elle ne serait pas l'humanité, s'il en était autrement.

Mais pour souffrir, il faut une vertu spéciale, il faut la résignation.

Ah! la résignation! Combien je l'ai admirée dans mon excursion à la *Cité de misère!*

Bidpaï, le moraliste de l'Inde ancienne a dit: « La résignation n'est pas l'inaction » et l'italien Bersezio, sur le même sujet, s'est exprimé de la sorte:

« Le malheur, supporté avec résignation, devient un mérite, et l'offrande faite à Dieu de nos peines, de nos afflictions, de nos sentiments, est l'holocauste de l'homme à son Créateur ».

Citerai-je encore Rojas, l'immortel bachelier de Salamanque, qui, en 1485, écrivait: « Jamais on n'évite un péril sans en courir un autre; rarement, ce qui est ennuyeux se peint sans ennui; et de même qu'une chose chasse l'autre, une douleur remplace une autre douleur. »

Mais pour que les maux soient subis avec patience, pour que les tortures soient acceptées sans révolte, il faut que cette résignation, à la fois dolente et superbe, cette résignation qui vous oblige à l'admirer plutôt qu'elle ne sollicite votre pitié, il faut que cette résignation s'appuie sur un principe extraterrestre, un principe qui ait son berceau dans la foi, un principe d'essence divine, si je puis m'exprimer ainsi, et ce principe sera le mysticisme, mais le mysticisme dans ce qu'il y a de plus dégagé, de plus vaste, de plus élevé.

Il ne s'agit plus ici d'une foi mystique enfermée dans l'étroite mesure du cérémonial des cultes; il ne s'agit plus d'un fanatisme aveugle, qui prête à des formules humaines des vertus symboliques et des pouvoirs guérisseurs. Entre cette foi imprudente et impudente, et l'athéisme qui nie les religions, sans arriver à ébranler l'idée de Dieu, il y a une autre foi, plus libre, plus indépendante, qui sent le mystère de l'infini, et qui l'accepte pour tel, parce qu'après en avoir raisonné, elle reconnaît que le problème est impossible à résoudre, en même temps qu'il lui est impossible de s'y soustraire.

Guyau, un de nos plus grands philosophes, que la mort a fauché tout jeune, peut-être

HUMANITE

parce qu'il était trop clairvoyant, Guyau a
écrit dans son *Irréligion de l'avenir :* « La révolution qui tend ainsi à remplacer la foi religieuse fondée sur l'autorité des textes ou des
symboles par la foi morale fondée sur la conscience personnelle, rappelle la révolution ac-
complie il y a trois siècles, par Descartes, qui
substitua dans la philosophie l'évidence et le
raisonnement à l'autorité. L'humanité veut de
plus en plus raisonner ses croyances, voir par
ses propres yeux; la vérité cesse d'être exclusivement renfermée dans des temples, elle s'adresse
à tous, elle a pour tous des enseignements et,
en instruisant, elle permet d'agir. Dans le culte
de la vérité scientifique chacun, comme aux
premiers temps du christianisme, peut officier
à son tour; il n'y a pas, dans le sanctuaire,
de place réservée ni de dieu jaloux, ou plutôt
les temples du vrai sont ceux que chacun lui
élève dans son propre cœur. Ces temples-là ne
sont pas plus chrétiens qu'hébraïques ou que
bouddhistes. L'absorption de la religion dans
la morale, c'est la dissolution de toute religion

positive et déterminée, de toute « symbolique » traditionnelle et de toute « dogmatique ».

La foi nouvelle, la foi ravivée repose sur le théisme, et ce théisme s'accorde parfaitement. à mon sens, avec « le culte de la vérité scientifique », dont parle Guyau. Cette foi a donné naissance à un mysticisme dont j'ai constaté les manifestations bienfaisantes à l'hôpital. C'est elle qui parle au fond des consciences et aide à patienter ceux qui vieillissent dans l'attente d'une guérison toujours retardée.

Pascal, dans un élan de soumission chrétienne, s'est écrié, au cours de sa *Prière pour demander à Dieu le bon usage des maladies* :

« Faites, ô mon Dieu..... qu'ayant vécu dans l'amertume de mes péchés pendant la paix, je goûte les douceurs célestes de votre grâce durant les maux salutaires dont vous m'affligez ! Mais je reconnais, mon Dieu, que mon cœur est tellement endurci et plein des idées, des soins, des inquiétudes et des attachements du monde, que la maladie, non plus que la santé, ni les discours, ni les livres, ni vos

Écritures sacrées, ni votre Évangile, ni vos mystères les plus saints, ni les aumônes, ni les peines, ni les mortifications, ni les miracles, ni l'usage des sacrements, ni le sacrifice de notre corps, ni tous mes efforts, ni ceux de tout le monde ensemble, ne peuvent rien du tout pour commencer ma conversion, si vous n'accompagnez toutes ces choses d'une assistance tout extraordinaire de votre grâce ! »

Et c'est en effet par une grâce toute divine que les malades ne se dégoûtent pas d'eux-mêmes ni de leur infection ; qu'ils ont auprès d'eux des gens dévoués, pour ne s'en pas dégoûter également ; qu'ils voient se développer l'implacable horreur de leur misère physique, sans se demander si ce développement n'est pas l'acheminement vers la douleur finale, et sans que ceux qui les approchent et les soignent les avertissent de l'heure chaque jour plus menaçante de cette douleur finale.

Nous admettons ici que ce mysticisme, tourné vers de chimériques espérances, soit encore de l'aveuglement ; que nous importe cet aveuglement, s'il ferme nos regards sur l'épouvante de notre propre agonie, et s'il nous donne la force de la conduire jusqu'à son terme avec une résignation héroïque!

Aussi, au spectacle que j'ai vu se dérouler devant mes yeux, dans la *Cité de misère*, j'ai rêvé souvent d'une légende qui servirait d'exergue aux armes de l'Assistance publique et dont les termes seraient gravés au fond de tous les cœurs: LIBERTÉ! CHARITÉ! HUMANITÉ!

Je les ai lus, ces trois mots, lumineux dans l'âme de notre grande ville! Je les ai lus, superbement étincel nts, parce qu'ils sont le symbole exprimé, du devoir de chacun et de tous.

Liberté! Oui! la liberté! la liberté entière, absolue pour toutes les fois, pour toutes les croyances, pour ceux qui réclament le dévouement, et pour ceux qui le dépensent, pour ceux qui souffrent et pour ceux qui consolent et guérissent. C'est aux heures de la maladie et de la douleur, que l'âme a besoin de son indépendance, que l'âme a besoin de ne sentir peser sur elle aucune chaîne, aucune servitude.

Charité! Oh! cette vertu, c'est la vertu toujours avide, toujours affamée d'humanité! La main peut donner toujours, la main doit donner toujours! Aucune voix ne s'élèvera pour lui reprocher d'être prodigue, et les avares, à l'instant de jeter leur avertissement, s'arrêtent devant elle, le rouge au front, honteux et humiliés!

« La justice, a écrit Lamennais, c'est la vie ; et la charité c'est encore la vie, et une plus douce et plus abondante vie ».

Humanité! Oui! Soyons humains! donnons aussi cette aumône qui germe dans le cœur, cette fleur aux senteurs apaisantes, donnons notre pitié ; laissons-nous attendrir aux misères des autres, sans faire d'enquête, sans ressaisir même notre émotion, si elle a jailli devant un de ces drames déchirants, que nulle fourberie ne saurait feindre avec autant de vérité! Soyons humains pour tous ceux à qui l'humanité est cruelle; soyons humains, lorsque le destin, par une suprême ironie, met dans le berceau du voisin, les faux poids de la justice, et les faux poids de l'égalité !

En agissant ainsi, nous aurons accompli notre tâche d'ici-bas, notre tâche d'hommes civilisés ; et ceux envers qui nous aurons exercé notre devoir, tout notre devoir de liberté, de charité et d'humanité, ceux-là connaitront enfin la reconnaissance, car ils n'auront découvert dans nos actes généreux, ni égoïsme, ni vanité !

Nous avons la prétention d'être des hommes de progrès : eh bien, je rappellerai en terminant le mot de Lamennais, ce mot qui est une espérance :

« Il y aura toujours des pauvres, parce que l'homme ne détruira jamais le péché en soi.

« Il y aura toujours moins de pauvres, parce que peu à peu la servitude disparaîtra de la société ! »

TABLE DES MATIÈRES

TABLE DES MATIÈRES

PARIS. — IMP. C. MARPON ET E. FLAMMARION, RUE RACINE, 26.